Introduzione

Era il lontano 2020, in piena pandemia, quando decisi di scrivere la prima edizione di questo libro. Per chi non mi conoscesse, mi chiamo Alessio Mattarese e nella vita mi occupo di social media.

La storia si ripete da Facebook passando per Instagram fino ad arrivare a TikTok.

Qualsiasi nuovo social che diventa tendenza in rete attira subito l'occhio attento dei media, dei brand e dei cosiddetti influencer.

Dopo aver appreso tutte le basi su come iniziare a sviluppare un profilo o un brand, ho deciso di scrivere questa guida per tutti coloro che vogliono intraprendere i primi passi nel mondo di TikTok.

Questa guida ti sarà molto utile se vuoi imparare a registrarti nell'app e capire da dove iniziare, come registrare i tuoi primi video con effetti sorprendenti e come iniziare a guadagnare o vendere grazie a TikTok.

Sei un micro influencer e cerchi consigli su come migliorare il tuo profilo, su come aumentare i tuoi followers e specialmente come iniziare a fare collaborazioni e monetizzare su TikTok, sei nel posto giusto.

Se sei un brand alle prime armi o un brand già presente su altri canali social ma non sai da dove cominciare, ho degli

1

ottimi consigli su come avviare la tua strategia di influencer marketing e advertising su TikTok.

Sei un creatore di live e cerchi consigli su come migliorare la qualità del tuo contenuto e suggerimenti su come aumentare i guadagni, questo libro fa al caso tuo.

Indice

5

Capitolo UNO
Cos'è TikTok - La sua storia

TikTok è un'app scaricabile gratuitamente su dispositivi mobili.
Consente agli utenti di guardare clip musicali amatoriali e non solo.
Gli utenti possono creare brevi video verticali della durata compresa tra i 15 secondi e i 10 minuti, e soprattutto modificare e aggiungere un gran numero di effetti speciali a piacere in modo molto semplice.
Per rendere il concetto in parole più semplici, possiamo dire che TikTok è una sorta di karaoke visivo, i cui montaggi al limite della fantascienza diventano alla portata di tutti,
realizzabili direttamente con pochi tocchi sul proprio cellulare. In passato TikTok si chiamava Musically, una piattaforma che permetteva a tutti di cantare in playback le proprie canzoni preferite ed essere visti e valutati da altri utenti.
È una storia curiosa di un'azienda che, nonostante le difficoltà, è riuscita ad ottenere dei risultati strepitosi.
La storia è quella di due aziende che si intrecciano (Musical.ly Inc. e ByteDance), dando inizio ad un nuovo rivoluzionario social chiamato TikTok.

In Cina è conosciuto come Douyin, un social network cinese lanciato nel 2016 e sviluppato attualmente da ByteDance. È la startup per ora più preziosa al mondo (75 miliardi di dollari), con finanziatori come SoftBank, KKR, General Atlantic e Sequoia Capital.

TikTok è stata scaricata 1,2 miliardi di volte (105 milioni negli USA) e oltre (3,2 milioni in Italia).

Nel 2018 è cresciuta oltre il 270% rispetto all'anno precedente.

Musical.ly Inc. è invece una società fondata in Cina nel 2014 da Alex Zhu e Luyu Yang.

In precedenza i due avevano creato un'altra piattaforma con scopi educativi, ma che purtroppo non ebbe successo.

Così decisero di puntare su un pubblico adolescente e ad agosto 2014 lanciarono la prima versione di Musical.ly.

Musical.ly allora era una piattaforma che univa video e musica all'interno di un social network.

Il 24 Luglio 2016 aprirono live.ly, una piattaforma per lo streaming video in diretta.

Alla fine del 2017, Musical.ly venne acquistata da ByteDance per 750 milioni di euro.

Nel 2018 ByteDance unisce la sua app con Musical.ly attraverso un aggiornamento, al fine di poter aumentare il numero di utenti.

Ma andiamo un po' a vedere la storia del Fondatore Zhang

Yiming.

Zhang è un imprenditore cinese cresciuto in una famiglia relativamente benestante nella città meridionale di Longyan.

Dopo aver studiato ingegneria presso l'Università di Nankai, iniziò a lavorare su un portale di viaggi e nel 2009 fondò "99fang.com", un portale di servizi immobiliari. Quello stesso anno l'iPhone divenne disponibile in Cina. Lui, appassionato di tecnologia, fu molto eccitato da questo strumento e presto si rese conto che il suo portale 99fang.com non era il prodotto del futuro.

Quando gli fu chiesto fino a dove volesse arrivare con ByteDance, rispose: "Perché porre un limite a ciò che otterremo?"

Nel 2014, in visita a Silicon Valley, presso gli uffici di Facebook, Tesla e Airbnb, notò come l'influenza tecnologica cinese stava crescendo notevolmente anche negli Stati Uniti.

Dopo il suo ritorno a Pechino scrisse un post sul suo blog intitolato "L'età d'oro delle compagnie tecnologiche cinesi sta arrivando".

Nel 2012 assunse un nuovo CEO in modo da potersi dedicare ad altro e decise di avviare una nuova startup: si trattava appunto di ByteDance.

Si rese conto che le persone, grazie agli smartphone e alle app, trascorrevano molto tempo su internet, fornendo una quantità impressionante di dati che le aziende potevano sfruttare.

Ma il suo team non aveva ancora le conoscenze per fare un algoritmo in grado di personalizzare gli annunci pubblicitari.

Tuttavia Zhang non si perse d'animo e iniziò a studiare, studiare e studiare.

Arrivò ad uno scienziato che scrisse un libro su come fare un algoritmo da soli e lo reclutò nella sua squadra.

Nei mesi successivi Zhang lanciò 3 app con il suo algoritmo.

Quella che spiccò maggiormente fu "Toutiao" (titolo), piattaforma di informazione che forniva agli utenti un mix di video e notizie su celebrità o avvenimenti nelle città rurali.

Nel 2014 però venne accusato di violazione del copyright, perché i suoi contenuti venivano presi da altri siti cinesi.

Zhang rispose che i metodi tradizionali sarebbero presto stati sostituiti da quelli moderni e che era compito delle aziende adeguarsi.

Alla fine i siti di notizie cinesi iniziarono a collaborare con ByteDance.

SUCCESSO GLOBALE? Sì.

Nel 2013 Toutiao aveva meno di 2 milioni di utenti attivi al giorno, ma il signor Zhang voleva superare di gran lunga i 10 milioni.

Così decise che il suo portale doveva espandersi in tutto il mondo. Insieme a Cao Yi andò in India a Delhi, Mumbai e Bangalore.

Notò come gli smartphone e i pacchetti 3G stavano arrivando a prezzi accessibili, così investì nell'app indiana di notizie Dailuhunt.

Successivamente, vide un'opportunità in Musical.ly, un'app cinese che permetteva di creare brevi video sincronizzando le labbra e ballando canzoni, molto popolare tra i bambini e gli adolescenti americani. Così creò in Cina "Douyin", piattaforma che usava l'intelligenza artificiale per fornire a ciascun utente un flusso di video personalizzato.

Nel 2017 ByteDance lancia TikTok come versione estera di Douyin.

Ma ben presto si scontrò con Musical.ly, che gli causò un rallentamento della crescita.

Alla fine del 2017 decise di comprare l'app per circa 800 milioni di dollari, acquisendo anche i suoi circa 55 milioni di utenti attivi mensili negli Stati Uniti e in Europa.

Diventò presto l'app più scaricata negli USA.

Per accelerare la crescita di TikTok, portò i grandi influencer di Facebook e Instagram ad usare la sua piattaforma con mosse di marketing molto aggressive.

Attualmente TikTok è la startup più preziosa al mondo, con un valore stimato di oltre 77 miliardi di dollari.

Capitolo DUE
Perché iscriversi su TikTok?

TikTok è un'app che mette a disposizione un'ampia gamma di strumenti di editing, con una matrice, filtri, effetti e una libreria musicale dalla quale attingere per condividere le vostre passioni ed esprimervi creativamente personalizzando i propri contenuti.

Gli utenti sono incoraggiati a relazionarsi gli uni con gli altri attraverso video risposta, sfide o duetti. Come per gli altri social network, anche TikTok ha le sue star, con milioni di followers.

Parallelamente alla crescita della popolarità sono aumentati anche i tipi di video che possono essere condivisi.

Oltre ai video di sincronizzazione labiale, su TikTok si possono aggiungere effetti (come il cambio abito, molto in voga tra gli influencer e non), creare musical, ballare, recitare, fare duetti, presentazioni di prodotti, yoga e tanti altri video.

C'è da premere che, tutt'oggi, ancora è un mercato da esplorare che cresce giorno dopo giorno.

Uno dei punti di forza è che i video fatti su TikTok possono essere salvati sul telefono e condivisi su altri social, come Instagram, sia come post che come stories.

13

In questo modo si potrà raggiungere altri utenti non iscritti a TikTok.

C'è da dire che, come molti utenti di YouTube, ci sono tanti iscritti passivi che cercano solo contenuti da guardare per trascorrere un piacevole quarto d'ora.

Gli utenti, infatti, hanno la possibilità di vedere dei contenuti senza dover seguire un profilo in particolare, possono semplicemente aprire l'app e vedere cosa offre la pagina

principale, riproducendo i video che potrebbero interessarli o divertirli.

Hanno la facoltà, inoltre, di cercare un argomento specifico attraverso l'uso degli hashtag.

L'app è attualmente disponibile in 34 lingue e conta oltre 150 milioni di utenti attivi.

Vorrei quindi rispondere alla domanda che ho messo ad inizio capitolo.

'Perché iscriversi a TikTok?' Semplicemente perché TikTok piace perché stimola il talento e la creatività. Ed è perfetta per chi è stufo dei soliti social e cerca un intrattenimento puro, diverso da questi ultimi.

Il fatto che TikTok conti già centinaia di milioni di iscritti dà la possibilità di diventare molto popolari, di costruirsi un seguito di milioni di followers e di iniziare a monetizzare grazie alla propria creatività."

Capitolo TRE
TikTok e la privacy dei minori

L'app, essendo particolarmente popolare tra i giovanissimi ha già suscitato qualche polemica in merito alla privacy e alla sua violazione. Infatti, all'inizio del 2019 si è trovata in acque burrascose per violazioni della legge sulla privacy dei minori. Come risposta, TikTok ha aumentato le misure di sicurezza e lanciato campagne di online security, collaborando di recente con Internet Matters.

A generare, tra le altre cose, qualche problema è stato il limite minimo di età richiesto per l'iscrizione.

Formalmente è di 13 anni, ma il minimo di età è stato facilmente aggirato dagli stessi utenti semplicemente dichiarando una data di nascita non veritiera al momento dell'iscrizione.

Così a Febbraio 2019 TikTok è stata multata per 5,7 milioni di dollari con l'accusa di aver raccolto informazioni personali sui minori.

Negli Stati Uniti il COPPA (Children's Online Privacy Protection Act) parla chiaro: per gli utenti che hanno un'età inferiore ai 13 anni è necessaria la richiesta di consenso da parte dei genitori per il trattamento dei dati personali.

Personalmente, la ritengo una richiesta più che giusta!

Di fatto, TikTok era presumibilmente a conoscenza del fatto che molti ragazzini stessero usando l'app, ma non ha cercato l'autorizzazione genitoriale prima di raccogliere nomi, indirizzi email e altri dati sensibili.

Inoltre, gli account degli iscritti erano pubblici di default, il che significava che il profilo di un teenager poteva essere visto da sconosciuti.

Pur modificando le impostazioni predefinite in modo che solo gli autorizzati potessero accedere all'account, rimanevano pubbliche le immagini di profilo e le biografie.

L'app non solo ha pagato la sanzione monetaria, ma dopo l'incidente sembra essersi impegnata per rispettare la privacy dei propri utenti (così si legge nella nota di risposta di TikTok alla FTC).

Inoltre, ha inserito una sezione dedicata al tema della sicurezza nel proprio sito dove vengono caricati periodicamente post con consigli per tenere sotto controllo la propria esperienza sull'app.

Attenti a non lasciarvi influenzare dai vostri idoli poiché quest'ultimi, in accordo con determinati brand, potrebbero sfruttare la vostra ingenuità per influenzarvi ad acquistare un prodotto più o meno costoso spacciandovelo come prima necessità.

Capitolo QUATTRO
Creazione account e convalida dati

Prima di vedere nel dettaglio come iscriversi a TikTok, precisiamo che tutto ciò che era su Musical.ly oggi è su TikTok, ragion per cui chi si era iscritto all'app prima del rebranding (cambiamento dell'app) può continuare ad accedere a TikTok con lo stesso account.

Fatta questa premessa, vediamo ora come iniziare. La prima cosa da fare è quella di scaricare l'app sul vostro telefono.

TikTok è disponibile gratuitamente su App Store e Google Play Store ed è rappresentata dall'icona di una nota musicale con colori neon su sfondo nero. Una volta installata l'app, basta aprirla per vedere subito i video in riproduzione caricati dagli altri utenti, cosa molto utile ed intelligente per far fare un'idea a tutti i nuovi visitatori o a tutti i nuovi utenti. Nella sezione home si può scegliere tra 'Seguiti' e quelli consigliati 'per te'.

Non potrete però fare nessun tipo di azione su quei video finché non avrete creato il vostro account. Chiusa questa piccola parentesi, dedichiamoci a come registrare il vostro account su TikTok.

Avrete a disposizione due modi: il primo è tramite i vostri canali social (Instagram, Twitter, Facebook ecc.); il secondo è tramite una vostra email e numero di telefono.

Scegliete un username (possibilmente nome e cognome) facile da ricordare e da trovare, oppure inerente alla vostra nicchia,

esempio @alessiomattarese o @AlessioFood.

Ricordatevi, potrete usare un'email ed un numero di telefono esclusivamente per ogni profilo creato.

Una volta entrati nel vostro account, non vi resta che convalidare la vostra email ed il vostro numero di telefono.

Inserite la vostra foto profilo o un video profilo di durata massima 6 secondi ed inserite

una descrizione di voi e di quello che fate.

Quest'ultimo passaggio è fondamentale se volete avere più possibilità di creare feeling con gli altri utenti.

Se gli altri utenti sanno di voi e dei vostri interessi, avrete un profilo più interessante e

più condivisibile.

Vi consiglio di collegare il vostro account di TikTok ai vostri social ufficiali Instagram & YouTube, cosa molto importante per spostare il traffico generato su TikTok.

Ultimo step che vi consiglio di fare è quello di passare il vostro profilo ad account pro, poiché la dashboard di analisi rivela approfondimenti sul tuo pubblico generale e sulle prestazioni dei contenuti da te pubblicati.

Capitolo CINQUE
Come funziona TikTok

Una volta installata e lanciata l'app si apre un'interfaccia, dalla quale si possono vedere i contenuti caricati dagli altri utenti, che possono essere suggeriti o da profili che segui. Le principali funzioni dell'app sono:

• **Video**: guardare e creare video è alla base dell'utilizzo dell'applicazione.

Clip e presentazioni possono essere caricati o creati direttamente nell'app, aggiungendo timer e altri effetti.

• **Musica**: la vasta libreria musicale di TikTok e l'integrazione con Apple Music è la chiave del successo della piattaforma.

I creators possono aggiungere, mixare, salvare e scoprire canzoni e suoni tramite playlist e video.

• **Montaggio video**: durante la creazione del contenuto, i Tokers possono applicare filtri, effetti sul timing, schermi divisi, transizioni, adesivi, GIF e emoji;

• **Interazione**: potete seguire gli account che preferite e dare a loro un sostegno con "cuori" ovvero like, commenti o condivisioni delle clip che apprezzate di più.

Ci sono molti aspetti della piattaforma da considerare per creare una buona strategia efficace che vi permetterà non solo di far crescere il vostro profilo ma di renderlo anche virale.

Tra i principali troviamo le tendenze, ovvero le sfide e i duetti, la ricerca della propria nicchia, gli hashtag e l'algoritmo.
Andiamo ad analizzare le tendenze che continuano ad essere popolari

• **Le sfide**: le challenge di solito spingono gli utenti a creare un video intorno ad un tema prestabilito (una canzone o un hashtag).
Le sfide possono diventare virali in breve tempo, soprattutto grazie agli hashtag che TikTok include spesso nella pagina di ricerca.

• **I duetti**: consentono agli utenti di prendere il video di un'altra persona e aggiungerci il proprio.

• **Cringe video**: video che mirano letteralmente a "dare i brividi" al pubblico con prestazioni spesso imbarazzanti.

• **Reaction video**: sotto l'opzione di condivisione di una clip, gli utenti possono scegliere di pubblicare una reazione.
Un utente può registrare il proprio video di reaction in tempo reale e quindi posizionare la propria reazione nel punto esatto in cui
desidera sovrapporlo all'originale.

Se ti stai chiedendo con quale tipologia di nicchia partire, sappi che ci sono delle nicchie che potrebbero performare meglio di altre.

Un po' come avviene su gli altri social, quelle che vanno per la maggiore sono:

• **Pets**: video simpatici o che fanno intenerire lo spettatore.

• **Food**: che tu sappia cucinare o meno il food risulta sempre un super investimento a livello di like e followers.

• **Beauty**: make up classici o alternativi, hanno una buona fetta di mercato.

Non è un segreto che oramai le più seguite di questa nicchia, spesso e volentieri, con l'aiuto di top agenzie del settore, creano in collaborazione dei propri brand dedicati al beauty.

• **Fashion**: divertiti a mostrare i tuoi super outfit in giro per la città o con balletti divertenti direttamente dalla tua camera.

• **Travel**: mostra luoghi unici, acque cristalline e perché no magari anche la "bella vita".

• **Gaming**: gioca ai videogiochi e coinvolge molto i suoi supporter

• **Asmr**: La autonomous sensory meridian response è una sensazione di formicolio lieve in varie parti del corpo, perlopiù accompagnata da uno stato di rilassamento mentale di chi la esperisce.

- **NPC**: sono live che simulano il comportamento dei personaggi non giocabili nei videogiochi

Vorrei fare una premessa in merito agli hashtag.
La mia prima impressione è che l'app TitTok odi lo SPAM, quindi, il mio consiglio è quello di stare attenti a non ripetere gli hashtag perché la piattaforma potrebbe essere durissima con te.
Puoi usare gli hashtag per dare una caratteristica chiave ai tuoi video e renderli rintracciabili.
Infatti, funzionano come etichette e servono a inserire i tuoi post in liste di video con lo stesso tema.
Aggiungere gli hashtag giusti può essere un buon modo per aumentare non solo i followers e mi piace ma anche la tua visibilità.
Ti consiglio di utilizzare circa 2 – 3 hashtag a video.
Ad esempio gli hashtag più utilizzati sono **#foryou #perte #viral #tiktok**.
Un termine che negli ultimi anni e sulla bocca di tutti coloro che usano i social è il famosissimo e temutissimo "algoritmo".
Come la maggior parte dei social, TikTok si basa esclusivamente sui contenuti generati dagli utenti.
Tuttavia, a differenza di Facebook, Instagram e Twitter, ruota maggiormente intorno alla ricerca di nuovi utenti e contenuti rispetto alle persone conosciute che si è scelto di

seguire.

Alimentato dal suo algoritmo, il feed TikTok mostra i contenuti dei Tokers che presuppone tu voglia guardare e apporta modifiche in base a quello che è il tuo comportamento nel tempo, ovvero visual, like, commenti e segui.

L'algoritmo, infatti è progettato in modo tale che i video attirino l'attenzione degli utenti sulla base dei loro contenuti.

Quando un utente pubblica un video e ottiene un numero idoneo di visualizzazioni, like e commenti, questo viene mostrato ad un pubblico sempre più ampio.

TikTok, a differenza delle altre piattaforme, incoraggia ogni singolo profilo senza privilegiarne alcuni a scapito di altri.

È molto più facile ottenere followers qui rispetto ad altri social.

Ultima ma non ultima a livello di importanza è sicuramente una delle paure più grandi per noi che utilizziamo i social, ovvero la parola "PENALIZZAZIONE".

Vediamo prima la differenza tra una penalizzazione ed un ban.

La **penalizzazione** è un blocco temporaneo che comporta un drastico calo nella visibilità del nostro profilo e di conseguenza dei nostri video caricati.

23

Non limita la funzioni di caricamento dei contenuti, quindi potrai sempre pubblicare.

A differenza della penalizzazione, il **ban** è molto più rigido e in casi rari addirittura non ti permette più di rientrare nell'app.

Vediamo alcuni esempi di come la piattaforma ci può bannare:

• Perdiamo l'accesso al nostro account per un breve periodo di tempo o indefinitamente.

• Divieto di creare altri account dal nostro indirizzo IP.

Come accade per qualsiasi social non ci sono informazioni ufficiali su di esso, né sulla durata né sulla sua rimozione.

È un processo automatico eseguito dall'algoritmo per proteggere l'app da spam, problemi di copyright e nudità.

È importante saperlo, non potrai fare appello per rimuovere questo divieto.

Ti starai chiedendo invece come puoi vedere se hai qualche tipo di penalizzazione?

Tiktok non ci avvisa quando questo accade, stesso discorso avviene su gli altri social.

L'unico modo che si ha per capire se abbiamo qualche penalizzazione è quello di guardare le statistiche dei nostri video, fare un confronto con le nostre vecchie statistiche e da lì tirare le somme.

Ovvero, se in precedenza i nostri video stavano ottenendo un buon numero di visualizzazioni, e all'improvviso sono assenti o ridotte, probabilmente l'app ci ha penalizzato per qualche motivo.

Come ho detto in precedenza ricordati sempre di caricare video che non violino le regole dell'app e soprattutto che gli hashtag non siano uguali rispetto ai nostri video precedenti.

Esempio di alcune penalizzazioni:

• Divieto a causa della nudità, solo gli utenti di età superiore ai 18 anni possono vedere i tuoi post.

Di ufficiale purtroppo non c'è nulla a riguardo su come uscire da queste penalizzazioni.

Come per gli altri social, grazie alla mia esperienza sono arrivato a delle conclusioni.

Alcuni trucchetti che personalmente ho provato per uscire da queste penalizzazioni sono sicuramente:

• Ridurre le pubblicazioni per 3-4 giorni. Secondo i miei dati il tutto si è ripristinato fermando completamente un account per quei giorni che vi ho scritto in precedenza.

• Rimuovere i video bannati: questi potrebbero essere stati contrassegnati dal misterioso algoritmo di TikTok che ci ha dato la penalizzazione.

Detto ciò è sempre meglio evitare il divieto invece di avere il problema di rimuoverlo.

• **Nudità**: è molto importante per TikTok. L'applicazione è assolutamente intollerante a riguardo. Assicurati di non pubblicare video che contengono nudità, soprattutto se hai meno di 18 anni.

• **Contenuto protetto da copyright**: cerchiamo di non scaricare o pubblicare video di altri su Tiktok. Se lo facessimo, potremmo essere soggetti a problemi di copyright, dunque il video potrebbe essere rimosso all'istante.

• **Contenuti illegali:** non pubblicare video con coltelli, pistole, droghe e altri materiali illegali.

Non mi soffermerò troppo, ma ci tengo a spendere due righe sulla questione Bot, detti anche AUTOMAZIONE, oramai presenti anche su TikTok come in gran parte dei social.
Il mio consiglio è quello di non utilizzarli in quanto

TikTok, a differenza di altri social, ti da un'ottima visibilità e copertura.

Rischieresti solo di farti penalizzare l'account cosa che non vogliamo assolutamente succeda.

Ricorda, TikTok vuole una piattaforma vera e pulita.

I miei ultimi consigli sono:

• Studia la tua nicchia e capisci cosa vogliono vedere i visitatori o gli spettatori in live.

• Inizia a seguire i tuoi competitors, analizza cosa stanno facendo e come (rubare i loro segreti).

• Controlla sempre gli hashtag e i trend.

Quello che sto per darti è un consiglio che quasi nessuno ti dirà, potrebbe quasi sembrare scontato ma non lo è affatto.

Molti mi chiedono in direct: è il trend chi ti permette di diventare popolare?

Assolutamente no ragazzi, poiché ad oggi saremo tutti popolari e sopratutto un trend non ha vita infinita, verrà sicuramente sostituito da un altro trend.

Quel qualcosa in più che ti contraddistingue da un altro tokers sei proprio TU.

Si, hai capito bene.

Sei proprio TU, assieme alla tua creatività e al tuo modo di fare che rende UNICO un video già visto su un altro profilo.

Detto ciò, adesso ti tocca.

Inizia a provare e realizzare un contenuto virale in linea con il tuo profilo.

Capitolo SEI
Come creare i primi contenuti e quando pubblicare

Ed eccoci arrivati al nocciolo della questione.

Dopo aver letto i primi capitoli ti starai chiedendo: come e quando devo pubblicare i miei contenuti?

Piccola premessa, per ora è possibile pubblicare solo un video alla volta per la massima durata di 10 min ma questa funziona non è ancora attiva per tutti.

Cerca di creare video di buona qualità con il tuo cellulare sfruttando al massimo luci, contenuti e gli audio messi a disposizione della piattaforma stessa.

Questo ultimo punto è molto importante, perché l'algoritmo di TikTok e i suoi utenti (media 13-20 di età, anche se ultimamente qualcosina sta cambiando in termini d'età) premiamo ancora parecchio questi tipo di performance.

Con quali video iniziare?

Se non hai un' idea ti do qualche consiglio :

• Creare video come gli altri: vedi nella home o negli hashtag.Imitare video e usare gli stessi hashtag. In pratica entrate in guerra con gli altri creators.

• Creare duetti con gli stessi video: schermo condiviso con le nostre espressioni live da una parte e il video che scorre dall'altra.

• Puoi provare ad usare gli hashtag trend del momento ma con contenuto diverso.

• Realizzare dei video fuori dai trend e cercare di farli diventare virali. Per esempio, fare video con un proprio stile, creare contenuti sensati, usare le colonne sonore, qualche effetto, sperimentare insomma.

• RepostPage: Sta prendendo piede in maniera molto rapida. Come fare?. Scegli una nicchia, scegli un nome accattivante, metti una descrizione, eventuali collegamenti ad altre piattaforme se hai già pagine simili come repost page. Usa i contenuti video più virali che trovi sul web. Carica il video e dagli una tua impronta

(filtro, effetto), aggiungi scritte, emoji ecc.

Una descrizione breve, soprattutto all'inizio aggiungici 3-4 hashtag inerenti alla tua nicchia.

Detto ciò ora entriamo nello specifico.

Andiamo ad analizzare alcuni effetti da utilizzare per creare i tuoi video.

Cercare di diventare virali ed accelerare il processo di crescita creando contenuti uguali alla massa.

Questa opzione sembra semplice inizialmente, ma se si vuole fare il "botto", soprattutto sul lungo periodo, bisogna che tu crei contenuti con un senso logico. Solitamente i creatori di TikTok per fare viralità a lungo termine, creano contenuti che all'apparenza sembrano facili ma in realtà richiedono ore di lavoro.

Dunque, inizia a divertirti con i vari effetti che ci mette a disposizione l'app.

Ci sono numerose maschere e effetti che si possono usare durante il video e altre infinite opzioni in post produzione.

All'inizio prova a fare qualche tua creazione, la riguardi, la risistemi e poi infine la pubblichi.

Se non vuoi pubblicarla subito potrai salvarla in bozza e pubblicarla in un secondo momento.

Andiamo ora a parlare di un effetto che va per la maggiore l'effetto transition:

• Effetto visivo che ci porta da un luogo ad un altro, da una situazione ad un'altra;
• Montiamo il nostro video e poi durante il cambio scena possiamo inserire le opzioni che ci da direttamente la piattaforma.

Sfruttiamo questo effetto con un senso logico;
• Facciamo noi direttamente le transizioni manuali.
• Cambiamo abito, scambiamoci con un altra persona.

Questo effetto è molto apprezzato da tutti gli utenti dell'app, perché crea sempre quella sensazione di "wow";

31

Ma come si fanno questi effetti?

Bisogna semplicemente schiacciare su "rec" e mettere in pausa al momento del cambio ma entriamo nello specifico:

1. Mettete il dispositivo sempre alla stessa distanza e posizione dall'obiettivo.
2. Utilizzate l'opzione "Rec" a tempo che ci da direttamente TikTok.
3. Quando si andrà ad effettuare il cambio, ricordate di utilizzare la stessa posizione e distanza di quando si è messo in pausa il video.

Rallentate il video in 0,5x prima della pausa, e poi accelerate in 2x dopo il "rec" e muovetevi lentamente.

Quasi tutti utilizzano questo metodo per fare delle transition virali.

4. Se non si fanno video in modalità selfie, vi consiglio di essere almeno in due, oppure munirsi di un cavalletto.

Ci sono altri effetti che vorrei elencarti:
• **Magia**: apparizioni e giochi di prestigio impugnando oggetti.

Utilizzate rec e pausa per creare gli effetti che desiderate, sfruttare sempre lo 0,5x per rallentare il video e poi 2x per velocizzare.

• **Clonazione o effetto fantasma**: effetto che si può fare con altre app in post produzione tipo ghost lens.

• **Tempo**:

1. Inverso, usato per riprodurre i video al contrario. Quando volete usare questa opzione, pensa bene a come potrebbe essere il video visto al contrario, così da poter creare un effetto wow.

5. Slow: se vuoi rallentare una parte di video a tua scelta. Usalo quando nel video si sta cambiando qualcosa in maniera molto significativa caduta o salto.

Altri effetti che possiamo utilizzare nei nostri video sono i seguenti:

• **LYP-SYNC**: recitare una tua canzone preferita in playback, imita con gesti o ballate seguendo le parole della canzone.

Al momento della registrazione riproduci l'audio in 0,3x o 0,5x, cosi da poter seguire in maniera corretta con le labbra e i movimenti il testo della canzone.

• **Maschere**: vi sono tantissime maschere ed effetti da applicare al volto.

Infine, per la pubblicazione dei video, come saprai, al momento la maggior parte degli iscritti è in una fascia d'età tra i 13 ai 21anni, quindi ti consiglierei una pubblicazione tra le 14 e le 21 massimo.

Capitolo SETTE
Realizza uno dei video trend del momento

Nel capitolo precedente abbiamo appreso le nozioni base su come e quando pubblicare un video, imparando sia gli orari migliori per la pubblicazione sia quali effetti possiamo creare in piattaforma o off piattaforma.

Spero che questa guida per realizzare questi effetti ti siano utili.

Non ti nego che all'inizio ho avuto un po' di difficoltà anche io, infatti mi hanno molto aiutato dei video che ho trovato sul web.

Per questo cercherò di scriverti i vari step in maniera semplice, sperando che anche tu come me riuscirai ad avere un effetto wow nei tuoi video.

Ad oggi, a mio parere, gli effetti che diventano più facilmente virali sono i seguenti:

1. Transition
2. Freeze-transition
3. Sky-transition
4. Mirror-clone-transition
5. Hologram-transition
6. Blanket-transition
7. Finger-Dance
8. Chroma key

- Per i **transition** abbiamo due tipi diversi:

1. **Screen transition:** prevede l'uso di un secondo smartphone.
Può essere molto utile se vogliamo cambiare all'interno dello stesso video lo sfondo o anche il nostro abbigliamento.
Recupera un altro smartphone e installa TikTok.
Apri la fotocamera e inizia a girare la clip sul brano che hai scelto. Fingi di lanciare qualcosa in aria. Ferma la registrazione.
Metti il telefono su una superficie piana e fai partire il video che hai appena registrato.
Contemporaneamente apri TikTok sull'altro telefono e inizia a registrare riprendendo lo schermo del primo telefono.
Apri la fotocamera frontale e mettiti nella stessa posizione in cui eri alla fine dell'altro video.
Registrati. Per ottenere il miglior risultato fai molta attenzione alla luce (deve essere sempre uguale) e a fare la ripresa (mano ferma oppure usa uno stabilizzatore).

2. **Spin transition:** consiste nella rotazione dell'immagine.
Dopo aver scelto la canzone da usare come sottofondo,

36

inizia a girare il tuo video.

Quando vuoi inserire la rotazione, ruota il telefono da destra a sinistra o viceversa.

Per ottenere l'effetto ultra spin, dopo aver effettuato una prima rotazione, cambia modalità da veloce a lapse. Ruota più volte il telefono (da destra a sinistra e da sinistra a destra).

L'effetto finale che otterrai è quello di una rotazione super veloce.

• **Freeze transition:** freezare un oggetto in movimento

1.   Aprite TikTok;

2.   Salva l'audio che vuoi utilizzare come sottofondo del tuo video.

3.   Clicca sulla funzione Condividi e salva il video nella tua galleria.

4.   Gira il video, ricordandoti di lanciare in aria l'oggetto che vuoi freezare.

Puoi registrare direttamente dallo smartphone oppure direttamente da TikTok, impostando il video su privato.

5.   Installa sul tuo smartphone un'app per editing come iMovie e Video Star (iPhone) o KineMaster (Android);

Tutorial KineMaster

Android:

1. Apri KineMaster e importa le due registrazioni fatte.
2. Clicca su Layer e Video.
3. Dividi in due il primo video nel punto in cui vuoi che l'oggetto lanciato si fermi.
4. Applica la funzione Split Screen sul lato in cui è presente l'oggetto.
5. Arriva alla fine del secondo video, taglia con le forbici e applica Trim to right/ left of playhead, usa la funzione a destra o sinistra in base a dove si trova l'oggetto.
6. Ricordati di eliminare la parte finale del video senza audio musicale.
7. Salva il vido editato e pubblicalo su TikTok.

iOs:

1. Apri iMovie e carica al suo interno il video che hai appena girato.
2. Taglialo in due nel punto in cui lanci l'oggetto in aria e applica sulla prima parte della seconda sezione di video l'effetto freeze.
3. Scarica il video e apri l'app Video Star per montare l'audio del brano scelto.

4. Adesso carica su Video Star sia il primo video che il video creato con iMovie.

5. Taglia il primo video che hai fatto fino alla scena freezata.

6. Unisci il tutto con la funzione Multi-Layer Clip.

7. Salva il video assembrato ed infine caricalo su TikTok.

- **Sky-transitione.**

Ovvero il cambio del cielo nei tuoi video. Come avviene per altri video, per avere questo effetto nei tuoi video avrai bisogno dell'app KineMaster.

1. Scegli il brano da utilizzare come sottofondo del vostro video.

2. Scegli un immagine (createla o scaricatela da internet) da usare come cielo.

3. Gira un primo video per registrare l'audio;

4. Salvalo in modalità privata e dopo scaricatelo sul telefono.

5. Vai all'esterno e metti il tuo smartphone su un supporto / muretto oppure fatti aiutare da un amico / familiare.

6. Ricordati, l'inquadratura deve essere abbastanza ampia da contenere una parte di cielo.

7. Non indossare nulla di blu, altrimenti durante

l'editing l'effetto non verrà applicato correttamente.

8. Gira il video che pubblicherai su TikTok;

9. Adesso puoi aprire KineMaster.

10. Carica i video realizzati in precedenza ed estrai l'audio dal primo video.

11. Applica l'audio al secondo video.

12. Carica l'immagine da applicare al cielo che hai preso in precedenza.

13. Seleziona l'effetto chiamato Chroma Key.

14. Regola la parte dell'immagine da sostituire e applica l'effetto. Nota Bene: dovrai selezionare un colore simile al cielo del video originale.

15. Una volta applicato il Chroma Key non ti resta che salvare il video, scarica il video nella risoluzione massima e pubblicalo.

• **Clone transition:** se vuoi sdoppiarti, triplicarti o interpretare diversi ruoli contemporaneamente nei tuoi video, questo è l'effetto che cercavi.

1. Scegli in primis la colonna sonora del video.

2. Registra il primo video, sceglie un'inquadratura larga in modo che i personaggi non si sovrappongano.

3. Registra il secondo video, che vede protagonista il secondo personaggio.

4. Se vuoi mettere più personaggi, farai tanti video

quanti personaggi vuoi inserire (dobbiamo utilizzare la stessa traccia audio).

5. Applica la funzione come Split Screen su KineMaster (nel caso di Video Star la funzionalità da usare per questo effetto è a pagamento).

6. Aggiungi eventuali filtri a piacere e salva il video creato sul tuo smartphone.

7. Infine carica il video sul tuo account. Ti consiglio, nel caso riscontri difficoltà nel creare l'effetto desiderato, di aiutarti guardando diversi tutorial che trovi nel web.

• **Mirror clone transition:** questo effetto ti permetterà di interagire con te stesso riflesso in uno specchio.

1. Apri l'app TikTok.

1. Scegli il brano che vuoi utilizzare come colonna sonora del video e scaricala nella tua galleria audio.

2. Fissa lo smartphone in una posizione e posizionati davanti allo specchio.

3. Girati due video diversi tra loro senza effettuare pause. Fai attenzione sempre alla luce e all'inquadratura, se ci riesci evita di inquadrare il telefono.

4. Mentre giri il secondo video, se dovessi "guardare in camera", ricordati di guardare nell'obiettivo riflesso, non in quello dello smartphone, per un risultato migliore dell'effetto.

41

Nella parte del video fuori dallo specchio, puoi guardare lo smartphone.

5. Passa all'edit video utilizzando o Video Star (la funzionalità che ti serve si chiama Mask Video ed è a pagamento) o KineMaster (usa il filtro Split Screen).

6. Dopo aver realizzato il video con l'audio scelto, salva il video in galleria con qualità massima.

7. Infine carica su TikTok.

• **Hologram transition** ti permette di trasformarti in un ologramma in brevissimo tempo.

1. Apri l'app.

2. Scegli come sempre il brano che vuoi utilizzare come sottofondo del tuo video e scaricalo nell'archivio.

3. Dovrai fare due video: il primo sarà quello "tradizionale" mentre il secondo sarà quello che verrà poi visualizzato come ologramma.

Se il primo lo giri a velocità normale, il secondo dovrai girarlo accelerato oppure in modalità slow-mo.

4. Per aumentare la differenza tra i due video (mondo "reale" e ologramma) potrai aggiungerci effetti e filtri a tuo piacere nel secondo video.

5. Salva i due video in privato e scaricali nella galleria.

6. Per realizzare la hologram transition ti servirà

installare Thyng sul cellulare.

7. Dopo aver aperto Thyng, inquadra lo schermo di un altro smartphone o di un tablet.

8. Clicca l'icona a forma di pellicola cinematografica.

9. Seleziona il secondo video che hai girato (l'ologramma) e con il tuo programma posizionalo sullo schermo del tablet/cellulare inquadrato.

10. Gira un terzo video e salvalo.

11. Montalo insieme ai vari spezzoni tramite l'appl, con il brano musicale scelto. Salva il video ed infine caricalo.

• **Blanket transition:** si passa da una scena all'altra (cambio abito, acconciatura ecc) passando una coperta davanti alla testa o al corpo.

1. Prendi una coperta e dei vestiti di riserva per fare il cambio d'abito.

2. Inizia a registrare da TikTok.

3. Scegli una traccia audio da interpretare.

4. Realizza la prima parte del video, salvalo in privato e poi sul cellulare.

5. Registra un altro video con la videocamera dello smartphone, senza aprire l'app TikTok, utilizza la prima parte della canzone.

Al termine fai passare davanti all'obiettivo la coperta,

facendola passare sopra la tua testa.

6. Cambia l'abito.

7. Registra un nuovo video in cui passi sopra la testa la coperta.

8. Unisci i video utilizzando le app di editing (l'audio lo potrai recuperare dal primo video che hai girato).

9. Carica il tutto su TikTok.

• **Finger Dance:** Una danza che si fa con le dita. Non è un effetto come la transition, ma è meglio sapere come si fa.

1. Rimani fermo, in piedi o seduto davanti alla videocamera e utilizza le mani per ballare a ritmo di musica;

2. La colonna sonora per una finger dance challenge deve essere un brano con ritmo (rap, trap oppure pop);

3. Abbina il movimento delle dita a quello di altre parti del corpo;

4. Studia la canzone ed usa le dita come fossero uno strumento musicale;

5. Esercitati davanti ad uno specchio per fare le prove, prima di passare alla registrazione. Obiettivo è non perdere mai il ritmo in fase di realizzazione;

6. Fai gesti decisi e senza sbavature;

7. Usa tutte le dita della mano;

8. Crea figure semplici (cuore, croci, L ecc) o simula altri movimenti (colpo di pistola ecc). Tieni sempre le dita ben tese;

9. Segna il ritmo utilizzando un pugno sul palmo, i due pugni uno contro l'altro o le singole dita sul palmo aperto;

• **Chroma Key:** tecnica conosciuta come green/blue screen, ti permetterà di realizzare dei video incredibili. Il Chroma Key è un vecchio trucco cinematografico che viene utilizzato per sovrapporre in uno stesso video due contenuti diversi. Usando questa tecnica su TikTok potremmo ottenere un risultato davvero sorprendente.

1. Per fare un video in Chroma Key ti servirà un grande foglio verde oppure un telo dello stesso colore;

2. L'importante è tenere le spalle ben tese mentre giri il video musicale che hai scelto come sottofondo. Controlla che l'illuminazione sia corretta, la tua ombra non dovrà venire sul colore dello sfondo;

3. Gira un altro contenuto;

4. Dopo aver girato il video e aver preparato l'altro contenuto da utilizzare (immagine oppure video), passa all'editing tramite app.

Le più utilizzare sono iMovie, Videostar (per iPhone) e KineMaster (per Android);

Editing Chroma Key

iMovie
Importa i contenuti da abbinare e posizionali nella time - line (dovranno avere la stessa lunghezza). Seleziona in alto a destra la funziona "impostazione di sovrapposizioni video" e l'opzione "screen green/blue".

KineMaster
Carica il primo video nella time - line. Seleziona layer e scegli il video o l'immagine da unire. Seleziona la funziona Chroma key e modifica il contenuto fino ad ottenere il risultato desiderato.

Video Star
Questa app ha al suo interno diversi pacchetti per il green screen (a pagamento).
Sono molto intuitivi da applicare.
Un po' come per gli altri effetti, dopo aver applicato l'effetto scelto, utilizza la funzione match e blend per regolare il video.

Capitolo OTTO
CapCut

CapCut è molto più di un semplice strumento di editing video; è un alleato prezioso per i creatori di contenuti su TikTok.

In questo capitolo, esploreremo le funzionalità di CapCut, come i templati preimpostati, la possibilità di modificare e creare video direttamente dalla piattaforma, e l'utile funzione dei sottotitoli per i tuoi video TikTok.

Una delle caratteristiche distintive di CapCut è la sua vasta libreria di templati preimpostati.

Questi templati sono progettati per semplificare il processo di creazione di contenuti virali.

Con una varietà di stili e design tra cui scegliere, puoi inserire facilmente le tue foto o video nei modelli disponibili e ottenere un video coinvolgente e accattivante in pochi semplici passaggi.

I templati sono ottimizzati per massimizzare l'impatto del tuo contenuto sui social media, inclusi TikTok, consentendoti di distinguerti dalla folla e attirare l'attenzione del pubblico.

CapCut offre una suite completa di strumenti di editing video che ti permettono di personalizzare i tuoi contenuti in base alle tue esigenze creative.

Puoi modificare e tagliare i tuoi video, aggiungere transizioni fluide, regolare i colori e applicare effetti speciali, tutto direttamente dalla piattaforma.

Inoltre, hai la possibilità di creare nuovi video partendo da zero, utilizzando gli strumenti intuitivi e avanzati di CapCut per dare vita alle tue idee e creare contenuti unici e originali.

Un'altra funzionalità utile di CapCut è la possibilità di aggiungere sottotitoli direttamente ai tuoi video TikTok.

Questi sottotitoli possono essere personalizzati per adattarsi al tuo stile e al tono del video, rendendo il tuo contenuto più accessibile a un pubblico più ampio.

I sottotitoli sono particolarmente utili per i video TikTok, consentendo agli spettatori di seguire facilmente il contenuto anche senza audio e migliorando l'esperienza complessiva di visualizzazione.

In breve, CapCut è un alleato indispensabile per i creatori di contenuti su TikTok.

Con le sue funzionalità avanzate e facili da usare, ti offre tutti gli strumenti necessari per creare video coinvolgenti, accattivanti e di successo.

Sfrutta al massimo il potenziale di CapCut per distinguerti sulla piattaforma e far crescere la tua presenza e il tuo pubblico su TikTok.

Capitolo NOVE
Consigli base su come far crescere il tuo profilo

Una volta apprese le basi su come creare un contenuto, vediamo alcuni buoni consigli che ti permetteranno di aumentare i tuoi follower su TikTok.

1. Come mamma ti ha fatto
Se desideri attirare il pubblico, non è necessario avere una dote particolare o una certa caratteristica fisica.
Dovrai semplicemente trovare qualcosa che ti contraddistingua dagli altri.
Sii te stesso e non fingere!

2. Aumenta le pubblicazioni
Anche se sembra ovvio, non è sempre così.
Più contenuti crei e pubblichi, più creatività dovrai avere per non diventare monotono.
Non sempre è necessario inventare e passare ore a produrre un video.
A volte basta davvero poco per pubblicare un video (ad esempio, quello che stai facendo in un determinato momento della tua giornata, aggiunto a qualche effetto e a una canzone di sottofondo).

3. Trova la tua nicchia

Ricorda che il target di TikTok è ancora molto giovane, quindi crea contenuti di conseguenza.

4. Partecipa alle challenge

Le sfide sono ancora il metodo migliore per attirare nuovi follower.

Puoi trovarle anche nella sezione home.

Dovrai semplicemente imitarle e usare gli hashtag che trovi nella descrizione.

5. Usa gli hashtag

Gli hashtag sono un elemento essenziale, perché senza di essi trovare contenuti diventerebbe complesso.

Chi utilizza l'app, si affida e segue gli hashtag, quindi farsi trovare è più semplice.

Usali con criterio in base alla tua nicchia.

Non utilizzare solo hashtag molto popolari ma usa anche quelli più specifici.

Inoltre, non usare sempre gli stessi per tutti i post, perché l'algoritmo potrebbe scambiarti per un bot e, di conseguenza, toglierti visibilità a causa dello spam.

6. Interagisci con i tuoi followers

Sii gentile con loro e cerca di coinvolgere il tuo pubblico.

Le persone ti apprezzano di più se interagisci con loro.

Ad esempio, poni delle domande nelle didascalie, condividi i TikTok su altri social.

Il mio consiglio è anche di interagire tramite like o commenti ai profili più fedeli o a quelli nuovi.

In questo modo li invoglierai nuovamente a ritornare sui tuoi video e sul tuo profilo.

E perché no, magari potrebbero consigliare il tuo profilo e la tua pagina anche ai loro amici e creare poi duetti con i tuoi video.

7. Interagisci con i followers di altri profili simili al tuo
Espandi la tua copertura in modo semplice: commenta in modo originale e pertinente, dialoga, condividi, apprezza e segui.

Ricorda che un commento si nota molto più di un like, quindi impegnati ad interagire nel modo più profittevole per il tuo profilo, verrai di certo premiato con un ritorno di followers.

Ad esempio, rispondi a dei commenti che trovi sotto altri video.

8. Collega altri social
Puoi collegare i tuoi profili Instagram e Youtube, per poter condividere facilmente i tuoi video su altre piattaforme e raggiungere così un bacino maggiore di utenti.

Invita i tuoi followers a seguirti anche su TikTok o prova a farli registrare.

9. Collabora con altri creator

Fare video con altri utenti di TikTok può davvero migliorare il tuo profilo.
Avrai maggiori possibilità di essere conosciuto da nuovi utenti e potenziali seguaci.

10. Contenuti non registrati su TikTok

Condividere contenuti meno recenti non registrati su TikTok è una buona idea.
Quando siamo carenti di fantasia o tempo, può tornare molto utile.

11. Orario di pubblicazione

Anche su TikTok, come su Instagram ad esempio, ci sono degli orari migliori per condividere
i contenuti.
Quindi studia le tue insight ed elabora i tuoi orari migliori in base ai tuoi followers.

12. L'importanza delle story

Per usarle in maniera vincente, ti consiglio di pubblicarne su TikTok massimo 3-6 al giorno, suddivise in blocchi.
Gli orari consigliati sono: 7:00 – 9:00 / 12:00 - 13:30 / 18:00 -19:00 / 21:00 – 22:00.

Ovviamente, dovrai fare dei test e segnarti i tuoi orari migliori, in base a quando i tuoi follower sono più attivi.

Dal tuo profilo, le storie di chi segui appariranno in alto come su Instagram.

Pubblica storie video di massimo 15 secondi, e se vuoi comunque inserire delle foto, fai durare poco le clip e usa le scritte temporizzate per intrattenere gli utenti.

Inserisci dei quiz per far interagire gli utenti, così aumenterai le visite al profilo.

Ti consiglio di pubblicare momenti di vita, un po' come fai su Instagram.

Se proprio non hai tempo e non sai

cosa pubblicare, riproponi i tuoi video più virali.

Eseguendo dei test, ho notato che creare una storia prima di una diretta o di una pubblicazione di un video aiuta molto la copertura.

Capitolo DIECI
Crea un personaggio e distinguiti dalla massa

I classici balletti o video comedy ormai sono ampiamente usati, quindi come andare virale?

Dovrai cercare di distinguerti dalla massa.

Sicuramente essere tra i primi a trattare una determinata tematica può aiutarti, se non hai un argomento specifico e vuoi continuare a percorrere la strada più sicura puoi farlo, ma utilizza un elemento nel video che si uniformi al tuo personal brand.

Inizia tutti i video facendo la stessa movenza oppure utilizzando la stessa frase.

Indossa dei vestiti sgargianti che catturino l'attenzione al primo secondo.

Effetto wow:

• Sfrutta la regolazione del timer in automatico per mettere in pausa la telecamera e crea dei cambi scena.

• Sorridi e sì più naturale possibile.

• Ottimizza al massimo la foto profilo, il nome e la bio.

• Racconta delle storie o la tua.

• Crea un filo conduttore che unisca più video (parte 1, parte 2, ecc.).

- Crea delle rubriche settimanali
- Costruisci una Community di fan che non vedono l'ora che tu pubblichi o faccia qualcosa.
- Utilizza per 3 o 6 video lo stesso abito o lo stesso sfondo, così da mantenere il feed ordinato (strategia che puoi utilizzare per tutte le nicchie).
- Invita a lasciare un commento, a condividere oppure duettare con te.
- Rispondi ai commenti non con le sole emoji

Inoltre ecco le 7 CTA che aumenteranno il tuo Engagement:
- Cosa ne pensi o dimmi la tua nei commenti?
- Ti è mai capitato?
- Scrivilo nei commenti.
- Condividi il video per aiutare gli altri.
- Ti svelo questo segreto, ma prima ricordati di mettere like e seguirmi per rimanere sempre aggiornato.
- Descrivi la tua esperienza qui sotto.
- Inserisci il nome del tuo..

Nella fase iniziale fai dei video brevi dai 12 ai max 20 secondi, poi, in base ai tuoi dati analitici, guarda che contenuti spingono di più e pubblica quelli.

*Call to Action (CTA) è la frase/pulsante che chiude un post sul sito o sul profilo social aziendale, oppure una landing page, o ancora un annuncio su Google Ads etc. Si tratta quindi di una strategia finalizzata ad una conversione: un obiettivo misurabile e commisurato al tipo di azione richiesta.

Capitolo UNDICI
9 consigli per creare una pagina repost virale partendo da zero

In questo capitolo vorrei scrivervi 10 consigli che spesso consentono a pagine nuove di diventare virali in poco tempo.

1. Individua una nicchia che ha del gran potenziale e grande probabilità che i suoi contenuti vadano virali.

2. Segui su diversi social dai 10/20 account più famosi di quella nicchia. Devono avere l'engagement-rate medio sui contenuti molto alto.

3. Trova i contenuti più virali sui loro account. Prendi gli ultimi 20 post che hanno avuto più condivisione, like e engagement rate (aiutati con tools esterni).

4. Calcola la media like ultimi 20 post, li moltiplichi per 1,5 e vai a prendere tutti quelli che performano sopra il 50% della media.

5. Una volta trovati i contenuti per un mese (minimo 30), prima di pubblicarli devi fare delle modifiche, per non fare un semplice copia e incolla.

6. Segui una strategia di pubblicazione

7.	Dai crediti all'account a cui hai preso il contenuto. All'inizio alcuni ti diranno di togliere il contenuto, perché la tua pagina non è molto seguita.

Non ti preoccupare, perché se conosci bene la piattaforma il tuo account otterrà un gran successo e a quel punto altre pagine ti chiederanno di repostare anche pagando una fee.

8.	Una pagina di viral repost può venir chiusa in qualsiasi momento, perché comunque stai utilizzando contenuti altrui, quindi ti consiglio sempre di espandere la Community su più social.

9.	Crea un progetto valido dietro ad una pagina di repost.

Creare questo tipo di pagina richiede tempo, sforzo e sacrificio.

Non pensare che sia un semplice copia e incolla.

Se il tuo obiettivo è semplicemente vendere traffico, con questo metodo molto probabilmente ci riuscirai.

Capitolo DODICI
Cresci ed aumenta la tua visibilità grazie ai commenti

Nel capitolo scorso ti ho premesso quanto sia importante per il nostro profilo interagire con altri profili della nostra stessa nicchia.

Adesso entriamo nel dettaglio.

Molte volte non sappiamo come acquisire ulteriore visibilità gratuita all'interno di TikTok, ma in realtà un metodo molto efficace e poco preso in considerazione è sicuramente quello di commentare i video.

Ebbene sì, come per gli altri social, anche qui questa regola può fare la differenza.

Attenzione, non bisogna commentare qualsiasi tipo di contenuto, ma solo quelli inerenti alla tua nicchia di appartenenza.

Ad esempio:

• Video che stanno per avere un gran numero di interazioni perché argomentati in maniera sensata o simpatica.

• Contenuti virali: perché se il tuo commento finisce tra i primi di questo video, hai molta visibilità gratuita.

• Video sponsorizzati: sono contenuti che, essendo pubblicizzati a pagamento, arrivano sicuramente a molte persone, quindi commentandoli puoi raggiungere molte persone gratuitamente.

È davvero così importante farlo?

TikTok mostra i commenti di ogni video non in ordine cronologico, ma in base al numero di interazioni che ricevono e alla nazione di provenienza.
Questo vuol dire che, se riesci a produrre su base giornaliera commenti apprezzati da molte persone, puoi acquisire una grande visibilità.
Ovviamente, più visualizzazioni ha il contenuto commentato e più interazioni riceve la tua risposta, maggiori probabilità avrai di ottenere nuovi followers.
Gran parte del successo dipenderà dai contenuti che hai sul tuo account (se non sono attraenti, convertirai poco).

Come iniziare:
• Identifica 10-20 account in linea con i tuoi contenuti ed inizia a seguirli.
• Accedi ogni giorno alla sezione seguiti e dedica 20-30 minuti a commentare questi video.
• Ricorda, i commenti devono essere di valore o fare la differenza.

Capitolo TREDICI
L'importanza di fare dirette e di fidelizzare i propri followers

Andiamo passo per passo.

Come fare una live su TikTok.

Come ho già spiegato nei capitoli precedenti, per fare le live devi avere almeno 1000 followers.

Per procedere, devi premere sul bottone raffigurante il simbolo (+) situato in basso (al centro dello schermo) e selezionare la dicitura LIVE che è situata accanto al bottone Video.

Descrivi la tematica che vuoi affrontare durante la diretta e scrivi il titolo.

Attenzione agli eventuali avvisi che compaiono nella parte superiore della schermata riguardanti l'utilizzo di termini non accettati dalla piattaforma; se necessario, provvedi a usare un altro titolo, altrimenti non ti sarà permesso di avviare la diretta. Scrivi le parole da bannare durante la live (parolacce, bestemmie ecc.), così che se qualcuno volesse utilizzarle, non può.

I commenti con questo tipo di parole vengono puniti dall'algoritmo.

Come ti ho accennato prima, le Live ti consentono di aumentare i propri fan e di migliorare il rapporto che hai con loro, trasformando i tuoi follower in veri e propri ambassador.

Devi sapere che TikTok spinge tantissimo sulle dirette.

Qualche tempo fa, per partecipare alle live dei propri seguaci non era molto semplice e intuitivo.

Ora anche nella sezione "Per te" appare in alto a sinistra l'icona diretta, o tra un video e l'altro ti dà la possibilità di accedere alle dirette.

In base alla durata, al numero di spettatori e interazioni, l'algoritmo decide se metterti in questa categoria in evidenza (in alto a sinistra).

Cosa da fare assolutamente per una migliore live:

- Fissa il giorno e l'ora precisa: comunica con dei video o nella bio, quando sarai presente in Live.
- Tratta tematiche diverse per ogni live, dando una cadenza precisa.

Aumenta l'engagement: Il tuo obiettivo è far aumentare i commenti e gli utenti presenti nella tua diretta, come farlo?

Fai delle domande.

Ovviamente non una dietro l'altra in stile interrogatorio, ma in maniera naturale e tranquilla.

Ora ti starai chiedendo come finire nelle migliori live, hai due modi:

- Aumentare l'engagement.
- Fare dirette che durino ore e ore (tecnica utilizzata

da alcuni Creators).

Non mostrare minori di 13 anni.

Non mostrare parti di corpo nude, non fumare, non mostrare coltelli ecc perché potrebbero farti cadere la diretta.

Banna le persone che scrivono parolacce nei commenti (fatti aiutare dai tuoi seguaci o moderatori a segnalare queste persone).

Durante la diretta intrattieni il pubblico: non fare il solito gioco delle emoji, ma piuttosto tratta tematiche differenti.

Comico o serio che sia, bisogna intrattenere con un minimo di senso.

Crea un gruppo ufficiale su Telegram o Whatsapp dove condividerai la live (tecnica utilizzata da molti Creators).

Prima di iniziare, voglio spiegarti la differenza tra queste due figure:

• Follower: ti seguono, interagiscono con te.

• Follower fidelizzato: fa entrambe le cose, in più ti promuove e sponsorizza, condividendo i tuoi post, le dirette ecc.

Ricorda: la Live è uno dei mezzi più importanti per trasformare i followers in followers fidelizzati perché mettendo in risalto i tuoi seguaci e valorizzandoli il più possibile, aumenterai la possibilità che loro si affezionino di più a te.

63

Capitolo QUATTORDICI
Categorizza il tuo profilo TokTok

In molti si lamentano, perché nonostante creino contenuti molto buoni e di una nicchia specifica, non riescano a crescere.

Semplice non avete il profilo categorizzato

Partiamo dal punto fondamentale:

Che cos'è la categorizzazione di un profilo?

È come l'algoritmo identifica i tuoi contenuti e il tuo account, mostrandoli agli utenti apparenti ad una determinata categoria.

Esempio: profilo pets, dovrà appartenere alla nicchia pets e non food.

L'algoritmo di TikTok è molto simile ad altri social, categorizzando il tuo profilo, potrai colpire una nicchia specifica e scalarla.

Scalarla? Si proprio cosi.

Infatti, i tuoi video verranno mostrati sempre di più a persone interessate, che interagiranno portandoli a crescere esponenzialmente.

Ti ricordo che l'obiettivo della piattaforma è sempre quello di mantenere gli utenti incollati al suo interno a guardare i video.

Per farlo, ha bisogno di capire a quali profili mostrare il

tuo video.

Una volta capito l'importanza di avere il tuo profilo categorizzato, entriamo nel vivo del capitolo.

Come fare ad avere il profilo categorizzato?

Interagisci con video e account che trattano i tuoi stessi argomenti: commenta, metti like e all'occorrenza segui.

Stai molto attento a non fermarti a guardare contenuti che non sono in linea con il tuo profilo, perché l'algoritmo è molto intelligente, anche se non metti like, riconosce la tua preferenza e poi continua a mostrarti quel genere li.

Tiene premuto sui video che non vuoi più guardare e clicca "non mi interessa più".

Utilizza hashtag in linea con il contenuto e con il tuo account evita di mettere hashtag da food se hai un profilo da pets ad asempio.

Usa i suoni dei tuoi follower.

Partecipa alle live di utenti in target.

Quando scegli gli interessi, clicca su quelli inerenti al tuo account.

Per mantenere la categorizzazione del tuo profilo invece devi:

• Non farti tentare.

Piuttosto crei un altro account e usi quello.

• Controlla che nei tuoi perte escano per la maggiore contenuti simili ai tuoi.

La proporzione deve essere quasi 75% simili - 25% casuali.

TikTok, in una minima parte, cercherà sempre di mostrarti dei contenuti diversi dai tuoi, per non annoiare la tua esperienza.

• Guarda da desktop o con un altro account i profili suggeriti sotto il tuo, se sono in linea vuol dire che stai facendo un buon lavoro.

Se tratti argomenti molto specifici, ti consiglio di applicare tutto quello che hai letto fin qui.

Capitolo QUINDICI
Case study - Da zero a 10.000 followers in 45 giorni

Era il lontano 2020 iniziai questo capitolo con questa frase:

"Per chi mi conosce, sa che a Instagram devo davvero tanto.

Ma in questo periodo, tra aggiornamenti e malfunzionamenti, mi sono fatto ingolosire da questo fenomeno chiamato TikTok."

Ero ancora inconsapevole che TikTok in pochi anni mi avrebbe dato tante soddisfazioni personali, fino all'apertura di un'agenzia ufficiale per creatori ma ritorniamo a noi.

Insieme a una mia cliente (S.B.), decidemmo di provare a portare i suoi contenuti anche su TikTok.

L'obiettivo iniziale che ci prefissammo era quello di arrivare ai 10.000 followers nel più breve tempo possibile.

Onestamente, non pensavo di riuscirci in meno di 45 giorni.

Tutto quello che ho scritto in questo libro è frutto dell'esperienza che ho maturato in questo percorso.

Non vi mento dicendovi che prima di iniziare questa avventura su TikTok, ho dovuto cercare di capire come funzionasse la piattaforma.

Ho svolto ricerche su ricerche, anche sul web.

Dovevo capire i punti chiave dell'app, ovvero:

- Come funziona l'algoritmo;
- Quale tipo di contenuto va per la maggiore;
- Quali sono gli orari migliori di pubblicazione;
- I post virali e l'utilizzo degli hashtag.

Creammo la pagina il 10 di agosto, nicchia Fashion ed iniziai a far pubblicare alla mia cliente dei suoi video al mare, nel mentre di una passeggiata o alcune collaborazioni trasferite da Instagram (outfit e accessori di lusso).

Inizialmente, pubblicavamo video ogni due o tre giorni, causa vacanze estive.

La strategia video che avevamo adottato era basata su duetti, challenge e video con clonazioni o transition..

Un'altra importante strategia che abbiamo utilizzato all'inizio per acquisire più traffico possibile è stata quella di utilizzare sotto ai contenuti pubblicati:

- Caption brevi più due hashtag virali di nicchia;
- Caption che invogliavano i nostri seguaci a fare dei duetti con i nostri video pubblicizzati (like e commento da parte nostra sempre presente in caso di duetto).

Il primo video che prese viralità arrivò circa 1 giorno dopo la pubblicazione.

Il video in questione superò le 8.000 views. In quel momento i nostri followers erano circa 500-800.

Il boom di views, come record di quel momento, arrivò il 28 di agosto.

Scegliemmo di pubblicare un video Transition dove la mia cliente passava da un costume ad un abito da sera con sottofondo di una hit del momento.

Il video esplose con oltre 20.000 views.

Continuammo in questa direzione ma bisognava aumentare la pubblicazione a quasi un video al giorno.

Dovevamo sfruttare il momento ed essere presenti il più possibile.

Iniziammo a pubblicare ad un orario compreso tra le 12 e le 15, orario dove ricevevamo più interazione.

Quindi decisi di consigliare alla mia cliente di pubblicare sia video girati su TikTok della sua quotidianità (ottima strategia per riempire eventuali vuoti) sia video girati su TikTok, cercando sempre di mantenere un'alta interazione con i profili simili alla nostra nicchia.

Il tutto accompagnato da risposte ai commenti che ricevevamo sotto ai nostri video.

Il 15 settembre avevamo circa 9100 followers ma subimmo una piccola battuta d'arresto.

I nostri video non avevano le insight come i video

precedenti e presentavano pochi commenti e altrettanti pochi like.

Dopo un'attenta analisi del profilo, capii gli errori che stavamo facendo.

Innanzitutto gli hashtag erano ripetitivi e i commenti con emoji, che molto

spesso utilizzavamo come risposta ai commenti sotto i nostri video, erano sicuramente visti come spam dall'algoritmo di TikTok.

Ti starai chiedendo come abbiamo superato questo problema.

Iniziai a far ridurre la pubblicazione per qualche giorno e utilizzare hashtag di nicchia e generici ma mai utilizzati prima d'ora.

Fino ad arrivare al 22 settembre, giorno dopo giorno, notai che i video iniziavano a girare meglio, sia a livello di insight che di like e commenti.

Il 23 settembre arrivammo al traguardo prestabilito, ovvero i 10mila followers.

Per tirare un po' le somme del capitolo, farò un piccolo riassunto.

• Il contenuto è fondamentale.

Deve essere in grado di tenere l'utente attaccato allo schermo del telefono.

• Usa musica di tendenza.

Come detto in precedenza, sembrerebbe proprio che utilizzare musica fortemente già utilizzata da altri utenti (le hit più ascoltate) favorisca la distribuzione dei contenuti nella sezione "per te".

• Combo Hashtag.

Ho usato hashtag relativi alla nicchia uniti ad hashtag virali.

• Caption.

Un'ottima strategia per fidelizzare un proprio seguace e che ti permetta di interagire con quest'ultimo invitandolo a condividere o fare duetti.

• Il timing di pubblicazione.

Il pubblico è giovanissimo quindi scegli bene i tuoi orari.

• Rispondi a tutti i commenti.

Rispondere ai commenti allunga di molto la permanenza dei contenuti nella sezione "per te" ed i video mantengono così una forte visibilità.

Capitolo SEDICI
Case study da 0 a 200mila monete
Creator live

Nel vasto mondo di TikTok, ogni creatore ha la propria strada verso il successo.

In questo capitolo, esploreremo il percorso straordinario di "MM" una creatrice che ha saputo cogliere l'opportunità di passare dalla produzione di video alle dirette, portando la sua esperienza a nuove vette.

Due mesi prima del caso studio, ho avuto il piacere di conoscere "MM".

Alla data del 15 ottobre 2023, contava circa 7.000 followers su TikTok e aveva già creato una fanpage di successo grazie alla sua dolcezza, creatività e abilità comunicative nei video.

Decisi di proporre a "MM" di sperimentare le dirette su TikTok, considerando il crescente interesse dei suoi followers per questa modalità di interazione.

Il 17 ottobre 2023, "MM" iniziò le sue prime dirette, ma purtroppo i primi 7 giorni si rivelarono un insuccesso totale.

Insieme, analizzammo gli errori emersi: orari erratici, mancanza di avviso, scarsa interazione con i followers durante le live e inadeguata gestione della chat durante le trasmissioni.

Dopo un'attenta analisi dei problemi riscontrati, decidemmo di organizzare le dirette in modo più strutturato.

Stabilimmo un orario preciso per le live, creando un vero e proprio palinsesto giornaliero che includeva sessioni di chiacchiere, giochi interattivi e challenge.

Inoltre, creammo un gruppo Telegram per coinvolgere attivamente i followers e cercare di finalizzarli il più e possibile.

Con un nuovo approccio e un impegno rinnovato, le dirette di "MM" iniziarono a riscontrare un successo crescente.

Grazie all'uso del ring light che dava una luminosità migliore, alla presenza costante e alla narrativa coinvolgente, il numero di spettatori passò da una media di 10 a una media giornaliera di 50-100 spettatori.

Le dirette di "MM" iniziarono persino a comparire nella sezione "per te" di TikTok, portando un aumento significativo dei followers e nuovi spettatori.

Per accelerare ulteriormente la crescita di "MM", il 13 novembre decisi di introdurre i match.

Queste sono dirette in cui due creatori si sfidano per cinque minuti, con il vincitore determinato dal numero di donazioni ricevute dai loro sostenitori.

I match rappresentano una sfida emozionante e offrono l'opportunità di guadagnare rapidamente followers e diamanti. In soli 60 giorni, partendo da soli 7.000 followers, "MM" è riuscita a raggiungere 15.000 followers e ben 200.000 diamanti su TikTok. Il suo successo non è stato frutto di fortuna, ma della sua determinazione e impegno nel fornire contenuti di alta qualità e coinvolgenti per i suoi followers.

Questo capitolo illustra il percorso straordinario di "MM", dimostrando come una creatrice abbia saputo cogliere le opportunità offerte da TikTok per raggiungere nuovi livelli di successo attraverso le dirette e i match.

Capitolo DICIASSETTE
L'Ascesa degli NPC sul Palcoscenico di TikTok

Nel vasto panorama delle dirette su TikTok, c'è un fenomeno che sta catturando l'immaginazione di milioni di utenti: gli NPC.

Chi sono gli NPC, ti chiederai?

Sono quei personaggi non giocanti che animano le nostre vite virtuali, creando intrighi, divertimento e, a volte, pura follia.

Ma perché gli NPC stanno diventando così popolari nelle dirette di TikTok?

La risposta risiede nel loro potenziale illimitato per intrattenere, stupire e coinvolgere il pubblico.

Immagina di entrare in una diretta e trovare un NPC che sembra uscito direttamente da un videogioco o da una serie TV.

Potrebbe essere un supereroe in cerca di avventure, un folletto magico che dispensa consigli, o persino un personaggio misterioso con un segreto da svelare.

Questi NPC portano una ventata di freschezza e creatività alle dirette di TikTok.

Sono capaci di trasportare il pubblico in mondi fantastici, di farlo ridere fino alle lacrime e di coinvolgerlo in avventure epiche.

Ma non è solo la fantasia dei creatori che rende gli NPC così affascinanti.

È anche la loro interattività.

Durante le dirette, gli spettatori possono interagire con gli NPC, influenzando la trama, facendo domande o addirittura entrando nel gioco come personaggi secondari. Questo coinvolgimento attivo trasforma lo spettatore in partecipante, creando un'esperienza coinvolgente e memorabile.

Ma non è solo l'aspetto ludico che rende gli NPC così affascinanti.

Possono anche essere utilizzati per scopi educativi, promozionali o persino benefici. Immagina un NPC che diffonde consapevolezza su questioni importanti come la salute mentale o l'ambiente, o uno che promuove prodotti o servizi in modo creativo e coinvolgente.

In breve, gli NPC sono diventati una parte essenziale del paesaggio delle dirette su TikTok. Sono i protagonisti di storie avvincenti, di giochi interattivi e di esperienze indimenticabili.

E mentre il fenomeno continua a crescere, è chiaro che gli NPC non sono solo dei personaggi virtuali.

Sono diventati veri e propri eroi digitali, pronti a portare divertimento e ispirazione a tutti coloro che si avventurano nel mondo delle dirette di TikTok.

Capitolo DICIOTTO
Come iniziare a collaborare con brand e monetizzare

I tuoi seguaci stanno iniziando ad aumentare grazie ai tuoi video, alla tua creatività e perché no, anche grazie alla mia guida, e ora non sai cosa fare?

Bene, sei arrivato nel capitolo giusto.

È arrivato il momento di capire come iniziare a collaborare con i brand e magari anche monetizzare il tuo profilo.

Da quando è nato il fenomeno degli influencer sui social, devi sapere che, esclusi rarissimi casi, nessuno è mai riuscito a guadagnarci dei soldi fin da subito.

È sicuramente un percorso lungo ma non impossibile.

Quindi, se stai pensando di iniziare a fare video su TikTok solo con lo scopo di guadagnare soldi per vivere, levati subito quest'idea dalla testa.

Pensa a divertirti e prendi tutto come una semplice passione che potrebbe trasformarsi in un vero lavoro.

Piccola premessa, se sei arrivato su TikTok da altri social, tipo Instagram, ti sarai sicuramente accorto che, a differenza di Instagram, non puoi scrivere in direct a un brand se quest'ultimo non ti segue a sua volta.

Inoltre, spesso nella bio di alcuni brand non è nemmeno

visibile l'email, come avviene su Instagram.

Per attirare la sua attenzione, hai diversi modi:

- Metodo aggressivo: sii attivo sotto ai suoi contenuti, mettigli tanti like e commenti sperando che possa notarti;
- Metodo tradizionale: cerca la sua email o cerca il brand in questione su altri social dove sei presente anche tu e proponigli la collaborazione;
- Metodo alternativo: collabora facendo dei video con altri creatori che hanno già collaborato con il brand in questione. Potresti essere notato anche così;

Inizia ad offrire più opportunità di visibilità ai brand futuri che ti contattano.

Un brand di abbigliamento ti invia un'email dove ti chiede maggiori informazioni per una possibile collaborazione.

Nel tuo pacchetto, aggiungici anche TikTok e fagli capire la grande possibilità per loro di sbarcare su questa piattaforma (nel caso non fossero già presenti).

TikTok al momento è un'app invasa da giovani, come ti ho detto in precedenza, quindi il settore fashion e moda riscontrano un ottimo interesse. Inoltre, al momento TikTok offre una copertura che non è paragonabile alla copertura di nessun altro social.

Facendo così, inizierai a fare anche le tue prime collaborazioni su TikTok.

Sicuramente è un ottimo trampolino di lancio sia per il tuo media kit su TikTok che per il tuo profilo professionale.

Se invece hai già delle ottime insight ed un buon numero di followers anche su TikTok, portare una tua collaborazione su TikTok è un ottimo metodo per guadagnare i tuoi primi soldi.

Invia al brand in questione le tue insight, ingolosiscilo e convincilo che il tuo profilo fa al caso suo.

L'obiettivo è fargli capire che il tuo profilo si sposa completamente con il suo marchio.

Ricorda, le parole mentono ma le insight no.

A differenza di altri social, le insight di TikTok non sono modificabili al momento.

Al contrario, se sei partito con TikTok ed hai creato con il tempo un ottimo profilo seguito ed hai raggiunto degli ottimi numeri, è arrivato il momento di usare questo traffico che generi in piattaforma non solo per monetizzare ma anche per farti conoscere su altri social come Youtube e Instagram.

Personalmente, reputo sbagliato puntare su un unico social visto che il web è una fonte di guadagno e di conoscenza.

Più social sei presente e più possibilità hai di farti notare.

Se al momento TikTok sta facendo il boom, Instagram rimane sempre in testa per il numero di brand famosi e nuovi presenti su un'unica app.

Come detto in precedenza, diversifica e cerca di lucrare anche su altre piattaforme.

Sfrutta i tuoi grandissimi numeri di insight & engagement che non si vedono su altri social per attirare brand non presenti su TikTok e guadagnaci. Vai a caccia!!

Ricorda, i fattori che influenzano il tuo profitto sono:
- L'engagement: come si calcola? (Numero cuori + numero commenti)/(numero di follower) x 100. È consigliato sommare le cifre degli ultimi 10 post.
- Insight: ovvero i dati statistici. I tuoi seguaci da quali paesi ti seguono (cosa fondamentale se un brand vuole puntare su un mercato europeo o solo italiano);
- Generare followers, più uomini o viceversa più donne; questo fattore è molto importante ad esempio con un brand di make up;
- Visualizzazioni video e visualizzazione del profilo, per capire se il tuo profilo è realmente attivo oppure no;

Un altro metodo che vale per tutti sono le live.
Durante le live potrai ricevere dei coins o monete (ne parleremo in un'altro capitolo).

Altri metodi per monetizzare su TikTok sono sicuramente :

- Affiliate Marketing: è la promozione di un link all'interno della bio del profilo.
  La conversione deriva dal click al link che, per esempio, possono rimandare a siti esterni come Amazon per l'acquisto di prodotti.
- Merchandising: durante le dirette o nei propri video, i tokkers possono monetizzare dalla vendita del loro merchandising o da prodotti di aziende terze, che può essere subito acquistato dagli utenti con un semplice click dal link in biografia, che rimanda a ecommerce.
- Musica: per la promozione di un brano, TikTok è una delle scelte più utili per monetizzare.
  All'artista basta caricare un audio e/o un video per dare visibilità alla sua produzione musicale.
  Con una buona campagna di influencer marketing a supporto del brano, è facile che l'artista arrivi a convertirlo in una hit.
  Per essere rilevanti e guadagnare direttamente dalla piattaforma, si suggerisce sempre agli artisti di caricare il brano su piattaforme come Distrokid per renderlo disponibile come "audio" a tutti gli utenti di TikTok.

- Link PayPal: per ricevere donazioni dai loro fans più fedeli, i creatori possono inserire nella bio un link diretto al loro PayPal.
- Referral: il classico "invita un amico", che non ha sortito parecchio successo su TikTok, potrebbe comunque portare ad alcune entrate.

L'importante è essere creativi e sfruttare al massimo le diverse opzioni di monetizzazione offerte da TikTok.

Ricorda che, oltre al guadagno economico, è fondamentale mantenere un legame autentico con i tuoi seguaci.

Continua a produrre contenuti di qualità e a interagire con la tua community per mantenere vivo l'interesse intorno al tuo profilo e alle tue collaborazioni con i brand.

Capitolo DICIANNOVE
TikTok creator found chiuso

Dal 26 febbraio 2024 TikTok ha deciso di chiudere anche in Italia il fondo per creatori, per chi non conoscesse TikTok creator found, in breve era un fondo destinato a far monetizzare tutti i creatori di video su TikTok in base alle visualizzazioni che ottenevano nei loro video. Tuttavia, nonostante il successo iniziale, TikTokCreator Found ha dovuto affrontare delle sfide nel corso del tempo.

A causa di cambiamenti nelle politiche di TikTok e di alcune questioni legali, la piattaforma si è trovata ad affrontare crescenti difficoltà operative.

Nonostante gli sforzi del team dietro TikTokCreator Found per risolvere questi problemi, alla fine hanno dovuto prendere la difficile decisione di chiudere.

La notizia della chiusura di TikTokCreator Found ha sorpreso e deluso molti nella comunità di TikTok.

Molti creatori che avevano trovato visibilità e opportunità attraverso la piattaforma hanno espresso il loro dispiacere per la perdita di questo importante strumento.

Tuttavia, nonostante la chiusura di TikTokCreator Found, molti sono rimasti ottimisti riguardo al futuro e alla possibilità di nuove risorse che possano continuare a sostenere i creatori su TikTok. Nonostante la sua breve esistenza, TikTokCreator Found ha lasciato un'impronta duratura nella comunità TikTok. La piattaforma ha contribuito a lanciare le carriere di numerosi creatori emergenti.

Anche se la chiusura di TikTokCreator Found ha rappresentato una perdita significativa per la comunità di TikTok, ha anche dimostrato il potere e l'importanza delle risorse dedicate ai creatori.

La storia di TikTokCreator Found rimane un capitolo importante nella storia dei creatori su TikTok, e il suo impatto continuerà a essere sentito nella comunità per molto tempo a venire.

Capitolo VENTI
Creator Marketplace

Attualmente, i social network rappresentano un'opportunità di business per i content creator.
Per questo, esistono strumenti che aiutano a monetizzare il contenuto.
È il caso di Creator Marketplace, lo strumento ideato da TikTok.
Ciò che era iniziato come semplice rete di intrattenimento, come Facebook, Instagram o YouTube, è diventato una potenziale fonte di entrate pubblicitarie per i brand.
Pertanto, la piattaforma di video brevi non poteva mancare in questa tendenza.
Sicuramente se ti chiedono di TikTok, anche se non lo usi, saprai di cosa si sta parlando.
È l'applicazione social media che ha avuto una crescita esponenziale maggiore.
Solo nel marzo 2020 ha ottenuto più di 115 milioni di download.
Capisci perché è una buona idea lavorare con Creator Marketplace, lo strumento per monetizzare i tuoi sforzi.
Cos'è Creator Marketplace?
Per essere incoraggiato ad entrare in questo mondo, devi conoscerlo più a fondo.

Creator Marketplace potrebbe essere definito come la piattaforma di influencer marketing di TikTok.

In esso, i brand e gli influencer di questa rete possono connettersi per stabilire possibili attività.

Avrai accesso a creators di alto livello, oltre agli strumenti di base per costruire una campagna.

Inoltre, offre agli influencer un collegamento diretto con diversi brand.

Ma soprattutto, TikTok non addebita a gli inserzionisti alcun costo per l'utilizzo del Creator Marketplace.

E, se non bastasse, fornisce anche a brand e influencer dati, strumenti, accesso diretto e comunicazione senza dover pagare terze parti.

Pertanto, non solo puoi beneficiare delle offerte fatte dalle celebrità su questa piattaforma.

Se hai un'attività, attraverso questo canale puoi trovare utenti a cui collegarti.

Il problema è che non è disponibile al pubblico in generale.

Questa applicazione funziona con un sistema basato esclusivamente sugli inviti.

La buona notizia è che se hai un brand puoi fare domanda tramite il sito web di TikTok.

Come funziona la piattaforma?

La prima cosa che devi fare per utilizzare questo

strumento è accedere alla pagina di accesso di Creator Marketplace.

Ti imbatterai in una breve descrizione che dice: "La piattaforma ufficiale per le collaborazioni di brand e creativi su TikTok".

Successivamente, devi registrarti o, se hai già un account, avviare una nuova sessione.

Una volta effettuato l'accesso, puoi iniziare a filtrare i creators con cui vuoi lavorare.

Questa selezione verrà effettuata in base alla tua strategia e agli obiettivi della tua campagna.

Hai la possibilità di cercare e filtrare i creator in base al paese, nonché agli argomenti che trattano, alla loro portata e persino ai dati demografici dei loro follower.

Ma non è tutto, quando fai click su uno degli influencer, la piattaforma ti fornisce i dati sulla persona.

Ad esempio, informazioni sull'andamento delle tue pubblicazioni o sulle visualizzazioni medie per pubblicazione, senza dimenticare i like, i commenti e le azioni.

Pensa calcola anche il tasso di interazione.

Scopri tutto sui creator di TikTok.

Puoi anche scorrere verso il basso e vedrai le informazioni relative ai dati demografici del pubblico del creator.

Ti vengono mostrati dati come sesso, età, utilizzo e tipo di dispositivo.

Inoltre, otterrai informazioni sulla posizione, sulla crescita dei follower e sul tasso di partecipazione nel tempo.

Sei pronto a scegliere il tuo creator?

In tal caso, tutto ciò che devi fare è inviare loro un messaggio nel Creator Marketplace.

In questa comunicazione puoi includere tutte le informazioni sulla tua campagna, sui prodotti o sui servizi che offri o sul tasso di sponsorizzazione, tra il resto.

Motivi per utilizzare Creator Marketplace.

È normale che tu ti chieda se è una buona idea iniziare a lavorare con questa piattaforma.

La verità è che è un'opzione molto interessante per alcuni brand e operatori di marketing.

Uno dei motivi è che essendo uno strumento nativo di TikTok puoi essere certo che i dati di ogni influencer siano autenticati, aggiornati e accurati. Un altro vantaggio è che ti consente di cercare e filtrare in base a diverse analisi, dati demografici e informazioni da TikTok.

Ciò ti dà un'immagine più chiara del content creator a cui sei interessato.

E, soprattutto, non è necessario registrarsi a piattaforme di terze parti, poiché tutto è legato a Creator Marketplace.

Nel caso degli influencer, hanno la struttura che dà loro accesso diretto e comunicazione ai brand che sono interessati a eseguire campagne di marketing.

Un enorme vantaggio per coloro che hanno bisogno di

monetizzare i propri sforzi di comunicazione.

5 chiavi per conoscere Creator Marketplace.

È sempre importante che prima di iniziare a lavorare con una nuova piattaforma, tu sappia tutto al riguardo. Questo ti aiuterà a chiarire ciò che stai affrontando quando cerchi influencer.

Questi sono i 5 aspetti che definiscono le potenzialità di questo strumento:

1. Paesi o regioni del pubblico. Sapevi che è limitato a soli 18 paesi?

Al momento, Creator Marketplace è disponibile solo per i seguenti paesi: Stati Uniti, India, Regno Unito, Canada, Germania, Francia, Taiwan, Giappone, Corea del Sud, Vietnam, Thailandia, Malesia, Filippine, Singapore, Indonesia, Italia, Russia e l'Australia.

È interessante capire, inoltre, che questa selezione di paesi si applica sia all'opzione paese/regione del creator che al paese o alla regione del pubblico a cui sei interessato.

2. Argomenti da filtrare.

Tra le opzioni troverai anche gli argomenti che puoi filtrare, come: cibo e bevande, sport, giochi, fitness e salute, moda e bellezza.

Oltre alla danza, attività all'aperto, vita quotidiana, cultura pop, animazione e fan culture.

L'elenco non finisce qui.

Gli argomenti di ricerca filtrati includono anche veicoli e opzioni di trasporto, scienza e istruzione, vita professionale, famiglia, viaggi, animali, account di celebrità.

3. Campo di applicazione.

Puoi selezionare il content creator in tre modi diversi: Da 10.000 a 100.000 follower, tra 100k e 1 milione di followers, da 1 a 10 milioni.

Questa selezione sarà fondamentale quando scegli l'influencer con cui vuoi interagire per lanciare la tua campagna tramite TikTok.

4. Età. Oltre agli elementi già menzionati, vedrai quello relativo all'età.

Questi dati possono essere filtrati secondo i seguenti tre intervalli predeterminati: da 18 a 24 anni, da 25 a 34 anni, più di 35 anni.

È un'informazione eccellente, poiché puoi determinare il tipo di pubblico a cui ti rivolgerai, se è giovane o più vecchio.

5. E-commerce.

L'ultima opzione riguarda l'e-commerce di TikTok.

Qui puoi filtrare in base ai creator che sono qualificati e che, a loro volta, hanno abilitato questa funzione. Inseriranno nel loro contenuto un link che porterà il pubblico direttamente al prodotto del tuo brand o alla landing page esterna che hai scelto.

Dopo aver effettuato una ricerca filtrata, il Creator Marketplace ti offre una serie di dati preziosi sui diversi profili selezionati.

Questi sono alcuni dei più interessanti:
- Metriche centrali.
  Questa sezione ti mostrerà una serie di dati che ti aiuteranno a comprendere meglio la potenza dei profili attraverso i numeri.
  Le metriche includono quanto segue: visualizzazioni nella media, argomenti in cui opera, principali segmenti di pubblico (paese o regione di pubblico e sesso), visualizzazioni totali, interessi, commenti, numero di volte in cui il suo contenuto viene condiviso e partecipazione. Pensa anche al tasso di interazione.
- Video di esempio.
  Inoltre, la piattaforma stessa seleziona una serie di video di esempio dal creator.
  È possibile alternare contenuti audiovisivi sponsorizzati e non sponsorizzati.
  Allo stesso modo, puoi anche decidere se visualizzare i più recenti o filtrare in base ai video più popolari.
- Dati demografici del pubblico.
  Vedrai anche la sezione relativa ai dati demografici del

pubblico.

Qui puoi ottenere informazioni generali come sesso ed età. Inoltre, ti offre anche informazioni sulla percentuale di follower attivi rispetto a quelli inattivi.

Puoi anche scoprire il dispositivo utilizzato dai follower dell'influencer: Apple, Samsung, Huawei, ecc.

• Andamento delle prestazioni.

È un'informazione essenziale. Nell'opzione trend delle prestazioni, otterrai i dati relativi ai follower di quel creator.

In questo modo conoscerai il trend crescente o decrescente in relazione alle principali metriche, tra cui il numero di visualizzazioni di video o interazioni ottenute negli ultimi tre mesi.

Quali informazioni dovresti fornire.

Ultimo aspetto ma non meno importante: devi conoscere le informazioni che TikTok ti chiederà per far parte dei suoi inserzionisti.

Ti chiederanno di indicare il settore a cui appartieni e di selezionare un obiettivo principale in modo da poter lavorare con i creator.

Questi sono quelli proposti al momento:

Ottieni più visibilità del brand, aumenta il traffico sul tuo sito web, maggiore esposizione o follower per l'account TikTok, incoraggia i download, aumento delle vendite di prodotti e produzione di creatività pubblicitarie. Non dimenticare di consultare la sezione relativa al tasso di interazione.

Qui puoi scegliere tra due alternative: Negoziare o Definire una tariffa iniziale suggerita per video sponsorizzato.

Ora tutto ciò che devi fare è iniziare la tua attività su questa piattaforma.

Capitolo VENTUNO
Series

Su TikTok arrivano le raccolte di video esclusivi a pagamento: TikTok Series.

La nuova funzione si chiama Series ed è al momento disponibile solo per creator selezionati, permettendo loro di condividere con le community raccolte di TikTok inediti per cui gli utenti avranno pagato da uno a centonovanta dollari.

Con l'introduzione delle nuove TikTok Series continua l'incursione della piattaforma nel mondo della creator economy e in quello dei video long form.

Nell'annunciarle ufficialmente, non a caso, TikTok ha presentato le Series come «un contenuto premium», tramite cui i creator possono «condividere le proprie storie, i propri talenti, la propria creatività» con i supporter e «rafforzare il proprio legame con le community».

Per praticità si potrebbero immaginare le TikTok Series come delle raccolte tematiche di video di workout, ricette dolci e salate a base di avena o contenenti trucchi sull'uso dei fogli di lavoro a cui si accede pagando un paywall.

Ogni singola raccolta può contenere fino a ottanta video con una durata di venti minuti video.

Le TikTok Series saranno accessibili seguendo un

apposito link condiviso nei video o tramite il profilo dei singoli creator.

La funzione è, come già successo per altre novità di TikTok e più in generale per molte delle novità introdotte sui social, in fase di test e al momento disponibile solo per alcuni creator selezionati.

Al momento, infatti, non è prevista una commissione per la piattaforma sul prezzo delle TikTok Series: i creator incassano per intero la cifra pagata dagli utenti.

Capitolo VENTIDUE

Come acquistare le monete a cosa servono & cos'è il livello dei donatori

Negli ultimi anni, TikTok è diventata una delle piattaforme social più popolari al mondo, non solo per la creazione e la condivisione di video divertenti, ma anche per la sua vivace comunità di creator e donatori. In questo capitolo, esploreremo come acquistare le monete su TikTok, a cosa servono e cosa significa il livello dei donatori.

Acquistare monete su TikTok è un modo per sostenere i tuoi creator preferiti e partecipare attivamente alla comunità.

Ecco come puoi acquistarle:

• **Apri l'app TikTok**: Avvia l'app TikTok sul tuo dispositivo mobile e accedi al tuo account.

• **Nella sezione "Io" o "Profilo"**: Clicca in alto a destra sulle tre lineette direttamente dalla tua pagina del profilo.

• **Clicca su saldo**: Clicca su monete.

• **Scegli il pacchetto di monete**: TikTok offre diversi pacchetti di monete disponibili per l'acquisto.
Seleziona il pacchetto che meglio si adatta alle tue esigenze e al tuo budget.

- **Completa l'acquisto**: Segui le istruzioni sullo schermo per completare l'acquisto delle monete. Potresti dover inserire i dettagli del tuo metodo di pagamento e confermare l'acquisto.

Una volta acquistate, le monete saranno disponibili nel tuo account TikTok e potrai usarle per supportare i creator durante le loro dirette.

Le monete su TikTok sono una valuta virtuale che può essere utilizzata per acquistare regali virtuali e supportare i creator durante le loro trasmissioni in diretta.

Quando invii un regalo a un creator, il tuo nome apparirà sullo schermo insieme al regalo inviato, consentendo al creator e agli altri spettatori di vedere il tuo sostegno.

I creator possono convertire le monete che ricevono in diamanti, che possono poi essere trasferiti sul proprio account e utilizzati per acquistare beni virtuali o convertiti in denaro reale.

Ogni 2 monete che un creatore riceve equivale a 0.01$

Il livello dei donatori su TikTok è un sistema di classificazione che indica il livello di supporto di un utente in piattaforma.

I donatori possono guadagnare punti donando monete durante le dirette dei creator.

Più monete doni, più punti guadagni e più alto sarà il tuo livello di donatore.

Essere un donatore di alto livello può conferire uno status

di rispetto in piattaforma ma attenti alla ludopatia da non sottovalutare.

Inoltre, i creator possono offrire vantaggi speciali ai loro donatori di alto livello come ringraziamento per il loro sostegno continuo.

In conclusione, l'acquisto delle monete su TikTok è un modo per sostenere i tuoi creator preferiti e partecipare attivamente alla comunità, mentre il livello dei donatori riflette il tuo impegno e il tuo supporto nei confronti dei creator in piattaforma.

Capitolo VENTITRÉ
TikTok per aziende e brand? Sviluppa il tuo brand grazie a TikTok

Intorno a TikTok è nato un interesse incredibile, grazie anche al boom che sta riscuotendo e alle numerose potenzialità.

Ormai non è più una semplice piattaforma di video musicali.

TikTok sostiene che i video della piattaforma generano oltre 15 miliardi di visualizzazioni medie mensili, per non parlare del numero degli iscritti presenti sull'app.

Sono numeri che attirano e che rappresentano linfa vitale per i nuovi e i vecchi brand in cerca di successo anche su TikTok.

Questa introduzione dovrebbe già bastarti ed invogliarti a registrarti, qualora tu non fossi già presente su TikTok.

TikTok è una piattaforma giovanile, se non la più giovane del momento presente sul web.

Attualmente, con la sua AUDIENCE, ha già fatto il boom.

Portare un brand su TikTok e avere successo è davvero possibile? Da dove iniziare?

Secondo il Global Web Index, su TikTok oltre il 60% degli utenti che hanno scaricato l'app nel corso dell'ultimo anno hanno visto e interagito almeno una volta con i video degli altri utenti.

E non solo, almeno il 55% avrebbe caricato un video.

Che cosa significa questo?

Significa che l'applicazione conta moltissimi utenti effettivamente attivi e che TikTok si riconferma una piattaforma ad alto tasso di coinvolgimento.

Quindi, quali sono i modi per iniziare subito a fare marketing su TikTok?

Vediamo quali strategie potete adottare.

Molte aziende hanno deciso di presidiare l'app aprendo dei propri account.

Sony e RedBull, per esempio, sono stati i primissimi brand ad utilizzarla come inserzionisti.

Prendiamo il caso particolare di RedBull: con oltre 2.5 milioni di followers e l'introduzione dell'hashtag #GivesYouWings, ha dato il via alla condivisione di numerosi video a contenuto sportivo, per spronare i propri followers a sfide
avventurose ed entusiasmanti.

A questi, hanno seguito alcuni editori come EPSN, NBC News, The Washintong Post e Dallas Morning che hanno aperto il proprio account su TikTok, dando il via ad una vera e propria rivoluzione social.

In Italia, possiamo prendere ad esempio il noto caso dell'Inter: la squadra di calcio sembra averne compreso l'enorme potenziale e per questo ha deciso di aprire un proprio account per condividere video girati nel backstage e challenge per ingaggiare i tifosi.

Un bel passo avanti, per connettersi direttamente ai propri fan attraverso contenuti sempre più spontanei, concreti e divertenti.

Qui sono presenti grandi brand come: Nike, Walt Disney, Coca Cola, ecc.

Continuiamo spostandoci verso il mondo del fashion, dove possiamo utilizzare l'esempio di Guess: il noto marchio di moda che ha sponsorizzato per la prima volta un hashtag su TikTok #InMyDenim, per lanciare un trend ed invogliare migliaia di utenti a caricare brevi video che mostrassero i loro look.

Quindi, se stai pensando di creare un tuo brand e iniziare a lavorare su TikTok, oppure hai già un brand presente su altri social, questo capitolo fa proprio al caso tuo. Infatti, ti consiglierò come iniziare la tua scalata su questa preziosissima app.

Inizia costruendo una presenza sulla piattaforma e a creare una community attorno al tuo marchio.

Impara a conoscere l'app e quello che funziona per i suoi utenti, interagisci con i profili che potrebbero essere potenziali clienti per il tuo prodotto ed inizia a contattare e a costruire relazioni con gli influencer presenti sull'app.

A differenza di altri social (vedi Instagram) è importante capire che TikTok ha una natura eccentrica e una cultura irriverente fatta di contenuti reali e amatoriali.

Valuta attentamente se si tratta di una buona strategia di marketing praticabile per il tuo marchio, se ci sono punti di contatto tra il modo in cui il tuo brand opera e con quello di TikTok, la filosofia aziendale e il pubblico del tuo brand.

Nel caso il risultato di questa considerazione fosse positiva, allora vi sono due modi per trarre vantaggio dalla piattaforma:

- Lancia sfide e challenge utilizzando un hashtag unico e personalizzato in base alla tua campagna e strategia di marketing.

Ciò ti consentirà di creare engagement e generare un'ondata di contenuti creati dagli utenti, utile per farti conoscere e per attirare ulteriore traffico sulla tua pagina che potrebbe trasformarsi in potenziali clienti.

- Collabora direttamente con gli influencer di TikTok, in modo simile a come è stato fatto su altre piattaforme social, ovvero creando contenuti video che vengono pubblicati dallo stesso influencer sul suo profilo, con lo scopo di reindirizzare i suoi followers direttamente alla tua pagina tramite menzioni, così da mettere in evidenza il tuo prodotto o servizio.

Potresti fare qualcosa che ruoti attorno al lancio di un prodotto o che annunci un'offerta a tempo limitato. Le sfide, in generale, funzionano molto bene sull'app.

I consumatori ormai si fidano delle raccomandazioni dei singoli individui, anche se non li conoscono personalmente, più che dei brand stessi.

In sostanza, puntare sui cosiddetti influencers rispettabili e simpatici è un'ottima strategia da utilizzare per pubblicizzare il tuo brand.

Non è un segreto, l'influencer marketing è diventato sempre più significativo negli ultimi tempi, consentendo agli addetti ai

lavori di collaborare con i leader di settore e spingere il brand messaging verso un pubblico più ampio.

Il futuro del marketing sarà sempre più incentrato sulle relazioni e il coinvolgimento degli influencers.

Affinché funzioni però è necessario pensare ai muser come ambasciatori del marchio, le collaborazioni dovrebbero durare nel tempo e includere più contenuti al mese.

Nello scegliere gli influencers cerca di selezionare:

- Quelli che siano più in sintonia con il tuo prodotto e con la tua filosofia aziendale;
- Coloro le cui insight siano corrette con il business plan del tuo prodotto;
- Quelli che sono realmente entusiasti di parlarne e condividere il tuo brand con i loro followers. Attenzione a non scegliere tokers che siano strapieni di collaborazioni.

È meglio non affidarsi a profili che accettano tutti e tutto, per una questione di credibilità del tuo brand.

Inoltre, pianifica una strategia di influencer marketing che preveda un breve periodo di prova, per valutare come reagisce la rete di followers del muser alla campagna in questione.

Assicurati che al tuo influencer vengano forniti gli strumenti, le risorse e l'orientamento necessario per svolgere efficacemente il suo lavoro e che collabori fianco a fianco con te come un partner a tutti gli effetti.

Esistono diversi tipi di influencer su TikTok:
- Celebrity o VIP: sono persone famose al di fuori del social, come ad esempio cantanti, attori o star della tv e generalmente sono più costosi;
- Influencer puri: nascono sui canali social, creano contenuti di qualità e hanno un gran seguito, con una

community fidelizzata;
- Micro influencer: generalmente contano meno di 10.000 - 15.000 followers ed hanno un pubblico che li apprezza.

Una tendenza che sta prendendo piede è quella di collaborare con i micro influencer.

Sebbene il loro seguito sia molto più piccolo di quello di una celebrità, la loro community è più coinvolta.

Due studi separati di HelloSociety e Markerly hanno evidenziato che gli influencer con un seguito minore hanno un tasso di coinvolgimento molto più elevato rispetto alle star, ed entrambe le ricerche hanno notato un calo del tasso di coinvolgimento con l'aumento delle dimensioni dell'audience.

Come personaggi digitali quindi, hanno un notevole potenziale.

Per le aziende sono un fenomeno da tenere d'occhio in quanto economicamente vantaggiosi, se ne possono coinvolgere diversi su un unico progetto e possono rivelarsi estremamente efficaci.

Uno dei vantaggi di lavorare con influencer è dato anche dalla pubblicazione dello stesso contenuto su diverse piattaforme.

In questo modo, spingono più partecipanti alla sfida o semplicemente aumentano la visibilità del tuo brand.

C'è da dire che se vendi apparecchi acustici, con tutto

rispetto per il prodotto che vendi, le possibilità che riesca a promuoverli efficacemente attraverso TikTok sono veramente scarse.

Se non vuoi puntare solo su una strategia di influencer marketing,

puoi usare i post sponsorizzati, ovvero TikTok Ads, di cui parleremo nel prossimo capitolo.

Quelli che hanno un budget a disposizione si stanno già muovendo, non stanno lì ad aspettare di essere l'ennesimo brand che sbarca su TikTok con il proprio piano editoriale già visto e rivisto.

Ad esempio, gli account di Sephora e Wired Italia, entrambi presenti sia su Instagram che su TikTok, generano volumi non molto diversi e entrambi creano piani editoriali e contenuti dedicati alla piattaforma.

Se ti stai chiedendo perché fare delle TikTok ads, troverai la risposta proprio qui, tra queste righe. L'app rappresenta un'interessante novità nel mondo del Social Marketing e le potenzialità sono molto promettenti.

Fare pubblicità su questa piattaforma potrebbe essere un'ottima idea, siccome sta riscontrando un crescente successo nella condivisione e dà la possibilità di raggiungere con molta facilità numerosi utenti grazie al suo algoritmo.

Se il tuo business è rivolto ad un pubblico giovane, per il momento hai tutto l'interesse a investire su TikTok.

Tuttavia, prima di creare la campagna, è necessario creare un account TikTok Ads e per farlo bisogna andare sul sito e fare richiesta, che verrà esaminata entro 48 ore.

TikTok si avvale di un sistema di intelligenza artificiale per analizzare il video e definire se esso riscuote successo tra gli utenti, probabilmente basandosi su attributi come engagement e tempo di visualizzazione.

La piattaforma pubblicitaria di TikTok mette a disposizione opzioni di targeting basate su diversi fattori come età, localizzazione, genere, sistema operativo, connessione, interessi, comportamenti, pixel tracking e custom audience.

Le campagne pubblicitarie su TikTok possono rivelarsi un bel canale per guadagnare, siccome ancora non è sfruttato particolarmente dai competitor italiani.

Inoltre, le campagne pubblicitarie vengono proposte automaticamente e ciò si rivela molto utile quando non si ha alle spalle un pubblico già numeroso.

Le grandi aziende possono approfittare delle potenzialità messe a disposizione da TikTok per raggiungere larghe fasce di pubblico di giovani.

TikTok offre molte opzioni di personalizzazione per le campagne: per posizionamento, per offerta (l'importo che sei disposto a pagare per l'obiettivo generale della campagna e di ottimizzazione), eCPM (CPC + costo conversione individuale), metodo di offerta che potrebbe garantire che gli annunci vengano visualizzati in primo luogo dagli utenti che possono eseguire le azioni previste.

In conclusione:

- Stabilisci degli obiettivi concreti;
- Studia i tuoi competitor e gli utenti maggiormente di tendenza sulla piattaforma;
- Crea un piano editoriale consono;
- Realizza contenuti in linea con lo spirito creativo della piattaforma;
- Interagisci con gli altri utenti e con gli influencer, con lo scopo di lanciare le basi per eventuali collaborazioni;
- Investi in ADS per far crescere il tuo profilo e trovare nuovi utenti potenzialmente interessati ai tuoi prodotti/servizi.

Nel prossimo capitolo andremo nel dettaglio delle adv su TikTok.

Capitolo VENTIQUATTRO

TikTok Intro Adv - Creiamo il nostro primo contenuto sponsorizzato

Ed eccoci arrivati all'ultimo capitolo, utile per chi ha fondato e creato le proprie basi del proprio business grazie alle adv, iniziando da Facebook passando da Instagram ed arrivando su TikTok o per chi semplicemente vorrebbe iniziare a capire come funziona TikTok adv.

Partiamo dal concetto base, perché avere degli obiettivi pubblicitari?

L'obiettivo, in pratica, è l'azione finale che vorresti che le persone facciano quando vedono i tuoi annunci.

Ti aiuterò a creare la tua campagna in modo più efficace ed efficiente.

Ad esempio, se desideri mostrare il tuo sito Web a persone interessate alla tua attività, puoi creare annunci mirati che incoraggiano gli utenti a visitare il tuo sito Web.

Quando crei un annuncio, devi prima scegliere il tuo obiettivo, che dovrebbe allinearsi con gli obiettivi aziendali.

Man mano che la tua azienda cresce, anche gli obiettivi della tua campagna cambieranno sicuramente.

Puoi creare una nuova campagna per adattare il tuo obiettivo pubblicitario.

Di seguito sono elencate le tre categorie di obiettivi presenti:

1) **Traffico:** questo obiettivo ci serve per indirizzare le persone al tuo sito Web o app;

   - Dove indirizzare il traffico: possiamo selezonare Sito Web o App per invitare persone al tuo sito Web o app;
   - Targeting: possiamo selezionare un targeting di persone che hanno precedentemente installato l'app, nella sezione Pubblico della creazione annunci;

1) **Installazione app:** le persone vengono indirizzare ad un app store dove possono scaricare la tua app;

2) **Conversione:** l'obiettivo delle conversioni ci serve per guidare gli utenti a compiere azioni sul nostro sito web, ad esempio vendere il tuo prodotto o servizio; aumentare le conversioni sul tuo sito web, in questo caso, è richiesta l'istallazione del pixel TikTok per i siti Web.

Si può fare in modo che più persone installino la tua app, ad esempio un'app di gioco mobile ecc.

Avrai bisogno di preparare il link di tracciamento di terze parti per tenere traccia dell'installazione dell'app;
Entriamo nel dettaglio incominciando da **targeting**.
La piattaforma offre numerose scelte di targeting, in base ai nostri obiettivi e in base al pubblico che decidiamo colpire.
Durante il processo di creazione degli annunci, possiamo scegliere tra:
Audience, Demographics e Device.

- **Audience** (pubblico): engagement, traffico sul sito web;
- **Demographics** (demografia): genere, età, paese, regione, lingua, interessi;
- **Device (dispositivo):** connessione WIFI, 2G, 3G, 4G, gestori telefonici, prezzo dispositivo, sistema operativo;

Il **targeting** interesse degli utenti rappresenta gli interessi degli utenti, in base alle loro interazioni e creazioni di contenuti (video, interazioni e annunci).
Ad esempio, un profilo utente può essere donna, 30 anni, interessata a "viaggi" e "make-up".
Si può migliorare la precisione della pubblicazione degli annunci, consentendoci di individuare gli utenti più attenti ai prodotti che stai promuovendo o in base alle

111

caratteristiche del tuo prodotto.

Ad esempio, "giacca di pelle", puoi scegliere il tag di interesse "Abbigliamento e accessori".

Se stiamo promuovendo un accessorio che può essere utile ad utenti che amano viaggiare, puoi selezionare il tag di interesse "travel".

Quando selezioniamo più di un tag di interesse, le opzioni che scegliamo non si includeranno.

Ad esempio, se selezioni i tre tag di interesse "Viaggio", "moda" e "Istruzione", verranno cercati gli utenti taggati con "Viaggio" o "moda" o "Istruzione".

Durante la creazione di un gruppo di annunci, possiamo selezionare "Categorie di interessi" nel modulo di targeting e aggiungere i tag specificati.

Possiamo visualizzare i dati di segmentazione a livello di gruppo di annunci,

per ottenere informazioni dettagliate sugli utenti e valutare l'efficacia dei tag che stiamo utilizzando.

Nel caso un utente abbia più di un interesse ad esempio "Giochi" e "food".

Quando l'unico tag di interesse che selezioniamo è "Giochi", il sistema di pubblicazione degli annunci imposta "Giochi" come criterio di targeting e pubblica annunci su quella nicchia.

Quando l'utente viene convertito (cliccato o installato), il sistema attribuirà la conversione a "Giochi" e "food" come effetto pubblicitario e lo conteggerà due volte nel rapporto, però i clic / le conversioni vengono conteggiati una sola volta e non influiranno sulla spesa. Questa logica ci aiuta a ottimizzare la pubblicazione degli annunci. Se notiamo che gran parte degli utenti convertiti proviene da tag di interesse che non abbiamo selezionato, possiamo modificare i tag per aumentare il tasso di conversione.

In base alle nostre esigenze la piattaforma ci mette a disposizione le seguenti opzioni:

oCPC/CPC/CPM/Ottimizzazione intelligente.

- **oCPC:** è metodo di offerta, che potrebbe garantire agli annunci una visualizzazione in primo luogo a utenti che possono eseguire le azioni previste. Ad esempio, spingere più utenti a scaricare la tua app, oCPC invierà i tuoi annunci agli utenti che hanno maggiori probabilità di scaricarla. Se usiamo questo metodo l'obiettivo campagna deve essere per conversione, il costo dell'offerta si paga per CPC (costo per click). Il sistema adeguerà automaticamente l'offerta, TikTok in base alle impostazioni utilizzate, avvicinando il costo della campagna al prezzo target.

- **CPC:** La commissione media per clic. Questo metodo di offerta, può garantire che le ADS vengano inviati prima agli utenti con maggiore probabilità di fare clic sull'annuncio. Anche in questo caso, il sistema adeguerà automaticamente l'offerta in base al prezzo, avvicinando il CPC effettivo al prezzo target. Metodo di calcolo: costo totale / clic totali.

Differenza tra CPC e oCPC:
Entrambi sono addebitati dai clic.
Il CPC si concentra sull'ottimizzazione dei clic (ovvero ottenere più clic a un costo inferiore), mentre l'oCPC si concentra sull'ottimizzazione della conversione (ovvero ottenere più conversioni a n costo inferiore);

1) Il CPC fa offerte per un prezzo per clic e oCPC fa offerte per il prezzo di conversione;

2) CPM: il costo medio per 1000 impressioni.

3) Questo metodo di offerta può aiutarci a esporre le nostre sponsorizzazioni il più possibile vicino al budget scelto.

Il sistema automaticamente adeguerà l'offerta in base al prezzo, avvicinando il CPM effettivo al
prezzo stabilito.

Metodo di calcolo: costo totale delle serie di annunci / impressioni x 1.000 (Esempio, se spendi 50 USD e ricevi 10.000 impressioni, il costo CPM è di 5 USD.)

Inoltre TikTok offre un'opzione chiamata **Smart Optimization** e se abilitata le nostre offerte verranno costantemente regolate e ottimizzate per aumentare le conversioni.

Note bene: se scegliamo Click o Impression come obiettivo, è consigliabile disattivare l'ottimizzazione intelligente.

La funzione Pubblico può aiutarci a raggiungere i nostri utenti in target, migliorando il rendimento dei nostri annunci.

Ci sono due approcci per scegliere il pubblico:

- Targeting specifico: il sistema troverà le persone migliori in base alle regole rigide impostate nel targeting, quindi mostrerà loro i nostri annunci;
- **Targeting generico:** facciamo affidamento al sistema per trovare le persone migliori.
Questo approccio può aiutarci a trovare potenziali clienti di cui non sei a conoscenza;

La stima del pubblico ci dà un'idea delle dimensioni del pubblico che potremmo raggiungere, in base al targeting e al posizionamento degli annunci che selezioniamo, così da poterci adattare in base al nostro obiettivo.

Comprendiamo la copertura:

- To Narrow (molto stretto): quando il puntatore si trova nell'area rossa dell'indicatore, significa che la dimensione del pubblico stimata è troppo piccola, il rendimento dell'annuncio potrebbe non essere ottimale.
  E' consigliato aumentare il pubblico potenziale.

- Narrow (stretto): la dimensione del pubblico stimata è ridotta, possiamo modificare di targeting in modo appropriato, per coprire un pubblico più potenziale.
- Balanced (bilanciato): quando il puntatore si trova a livello intermedio, la dimensione del pubblico stimata è più appropriata per la maggior parte degli inserzionisti.
- Fairly Broad (abbastanza ampio): quando il puntatore si trova nell'area blu dell'indicatore, significa che la dimensione del pubblico stimata è relativamente ampia, potrebbe essere necessario adottare criteri di targeting per una pubblicazione di annunci più specifica.
- **Broad (ampio):** il tuo pubblico stimato è troppo grande.

E' consigliato aumentare i criteri di targeting per restringere il pubblico.

Bisogna capire che :

1. La stima del pubblico, si basa sul targeting e sui posizionamenti impostati e sul numero di persone che hanno visualizzato gli annunci pubblicitari negli ultimi 30 giorni.

2. La stima del pubblico potrebbe essere influenzata dalla sua creazione / modifica personalizzata entro 24 ore.

3. La stima del pubblico non rappresenta il traffico effettivo che puoi ottenere.

4. Per verificare le impression reali dei nostri annunci, controlliamo la dashboard.

Funzionalità di Pixel di TikTok
TikTok ci propone il suo Pixel, un codice script da aggiungere al nostro sito web, che ci servirà sia per tracciare gli eventi di conversione sia per la creazione di un pubblico personalizzato.
Se l'obiettivo della nostra campagna è "visite alla pagina di destinazione", dobbiamo monitorare il rendimento di

117

conversione dei nostri annunci su TikTok Ads. Per questo abbiamo bisogno di posizionare un pixel TikTok sul tuo sito, prima di iniziare a pubblicare. I dati del Pixel possono essere utilizzati per garantire che gli annunci vengano mostrati alle persone giuste, per ottimizzare le offerte e i modelli per gli obiettivi di conversione.

L'inserimento del pixel su TikTok Ads non è molto complicato, andiamo a vedere come si fa:

1. Creiamo pixel: assegniamo un nome al pixel e otteniamo il codice pixel.
2. Installiamo il codice: nella pagina di destinazione tramite Google Tag Manager o aggiungendolo manualmente.
3. Creiamo una conversione personalizzata: possiamo impostarla tramite "Evento su clic in linea" o "Evento su caricamento pagina".
4. TikTok pixel helper: Usatelo per verificare se la vostra pagina di destinazione è installata correttamente e se l'evento di conversione è attivato.
5. Creiamo un gruppo di annunci e visualizziamo i dati, dopo aver creato il gruppo di Ads li colleghiamo alla conversione creata.

Possiamo visualizzare i risultati della conversione nella dashboard della piattaforma pubblicitaria.

Vediamo adesso come creare il nostro primo pixel:

1. Portale per la creazione di pixel: Libreria > Conversione > Pixel del sito Web.

2. Introduzione interfaccia pixel: denominazione, modifica.

Quando si crea un pixel e un evento di conversione per la prima volta, è necessario firmare il contratto dell'utente online.

- Nome pixel: un pixel corrisponde a un sito Web, quindi per il nome è consigliato usare quello del sito Web o del dominio corrispondente, la lunghezza non deve essere troppo lunga e non si deve ripetere;
- Modifica nome: facciamo clic su Modifica sotto il nome del pixel.
- Pulsante Installa codice pixel: possiamo scegliere di incollare manualmente il codice pixel nella <head> </head> della pagina di destinazione, e nella pagina di conversione HTML.

Oppure possiamo installarlo automaticamente nella pagina di destinazione specificata tramite Google Tag Manager.

- Creiamo un pulsante di conversione personalizzato : possiamo personalizzare gli eventi di conversione impostazioni specifiche.

Visualizziamo il pulsante di conversione: mostra i dati di conversioni del pixel.

1. Installiamo il codice pixel tramite Google Tag Manager:

- Creiamo un account in Google Tag Manager(se non l'abbiamo) e incorporiamo l'SDK di Google Tag Manager nella pagina di destinazione che deve essere monitorato.

- Torniamo alla piattaforma e colleghiamo il nostro account Google Tag Manager,nell'interfaccia usiamo lo strumento di gestione "tag di terze parti".

- Selezioniamo l'account, il container, e l'area di lavoro di Google Tag Manager per associare la pagina di destinazione che desideriamo monitorare.

- Creiamo un comportamento di conversione personalizzato, per definire le conversioni della pagina di destinazione sulla piattaforma TikTok Ads.

- Per modificare l'account Google Tag Manager, facciamo clic su "Utilizza un altro account Google" per sostituirlo.

Nota bene per un corretto funzionamento:

- Assicuriamoci che l'account Google sia già

registrato con Google Tag Manager. In caso contrario, verrà visualizzato un messaggio di errore che indica che non esiste un account Google Tag Manager.

- Assicuriamoci che la pagina di destinazione monitorata abbia incorporato l'SDK di Google Tag Manager, altrimenti un messaggio di errore ci indicherà che non ci sono dettagli.

- Controlliamo che il codice pixel non sia reinstallato sotto una pagina di destinazione, altrimenti riceverai un messaggio di errore che indica che non ci sono dettagli.

- Se la pagina di destinazione non si trova nel container GTM corrispondente specificato, anche se il pixel e ed esso sono associati correttamente, TikTok Ads non riporta alcun errore (GTM non fornisce messaggi di errore pertinenti), e quindi il pixel non può essere installato sulla pagina di destinazione.

- Verifica installazione codice: possiamo farci clic sopra, per fare un ulteriore verifica dopo aver fatto l'installazione.

Dobbiamo andare su Google Store per scaricare il plug-in Pixel Helper e verificare se il codice di conversione è corretto.

In caso contrario, torniamo al messaggio di

errore o controlliamo l'associazione della pagina di destinazione, facciamo riferimento al passaggio precedente per escludere l'errore.

1. Installazione manuale del codice pixel:

- Facciamo clic sul codice del pixel della copia, per ottenere il codice per il pixel (i codici per i diversi pixel sono diversi) e il tuo sviluppatore deve installare il codice nel tag <head> </head> o nel modello di intestazione fornito dal CMS / web piattaforma.

- Se non siamo sicuri che l'installazione abbia avuto esito positivo, è possibile fare clic sul testo "Controlla il risultato dell'installazione del codice" per passare a Google Store, per scaricare il plug-in Pixel Helper e rilevare se il codice di conversione è stato installato correttamente.

Chiusa questa piccola parentesi sul setting del targeting e sul pixel, ritorniamo alla nostra guida base di TikTok ads.

Come avrete letto sicuramente, TikTok è una piattaforma per i video mobile in formato ridotto.

L'obiettivo è quello di poter catturare, tramite la creatività, i momenti migliori delle proprie vite, direttamente dal cellulare.

Il social vuole una comunità accogliente e le loro Linee

guida sulla pubblicità mirano a garantire il raggiungimento di tale obiettivi.

Per questo gli inserzionisti devono concordare con i Termini di servizio e le Norme della community di TikTok le linee guida da seguire.

I contenuti devono essere adatti a utenti di età pari o superiore a 13 anni o, se non idonei per utenti di età compresa tra 13 e 18 anni, devono essere rivolti a utenti di età pari o superiore a 18 anni.

Il team di revisione degli annunci, utilizza queste Linee guida pubblicitarie per valutare ogni campagna pubblicitaria presentata per la revisione.

TikTok si riserva il diritto di rifiutare la pubblicazione o la rimozione di qualsiasi campagna pubblicitaria, se viola i Termini di servizio, le Linee guida della community.

Queste Linee guida pubblicitarie o qualsiasi altra politica TikTok, si riserva il diritto di rimuovere anche l'account aziendale in caso di violazione.

Gli inserzionisti sono tenuti a garantire che i loro annunci pubblicitari siano conformi a tutte le leggi applicabili, i requisiti, le norme e i regolamenti sulla lingua locale e le linee guida, le regole e i codici di autoregolamentazione.

Tutte le pubblicità devono includere qualsiasi informativa obbligatoria e tutte le divulgazioni devono essere chiare e ben visibili.

Qualsiasi pubblicità senza informativa obbligatoria sarà

sospesa.

Gli annunci pubblicitari non devono implicare un'approvazione, partnership o associazione di TikTok di alcun tipo o uguale per qualsiasi altra società affiliata a TikTok.

Eventuali promozioni, concorsi a premi o concorsi (collettivamente, "Promozioni") eseguiti su TikTok devono essere conformi a tutti i requisiti legali per i territori.

Ciò include la pubblicazione di regole ufficiali, dichiarazioni di non responsabilità e altri termini e il rispetto delle normative di marketing.

La promozione non deve implicare un'approvazione, partnership o associazione di TikTok di alcun tipo.

Tutti gli elementi degli annunci, inclusi testi, immagini o altri media, devono essere pertinenti e appropriati al prodotto o servizio offerto e al pubblico che visualizza l'annuncio.

Gli annunci non devono essere composti solo da testo Altre specifiche per la revisione dell'annuncio.

TikTok potrebbe fornirci un tariffario che delinea alcune specifiche aggiuntive dell'annuncio:

- Limitazioni all'uso di collegamenti esterni
- Limitazione del testo in determinati formati di annunci
- Requisiti specifici di divulgazione

- Limitazioni e requisiti specifici della lunghezza del video

Può essere approvato o rimosso qualsiasi annuncio per qualsiasi motivo, compresi gli annunci che influenzano negativamente il nostro rapporto con i nostri utenti o che promuovono contenuti, servizi o attività. Le linee guida sono soggette a modifiche in qualsiasi momento senza preavviso.

Vediamo alcuni aspetti che dovreste evitare per una corretta inserzione:

- **Contenuti proibiti**

Il seguente elenco include prodotti e servizi che non possono essere pubblicizzati su TikTok:

- ✓ Droghe: annunci che descrivono o incoraggiano l'uso di droghe illegali, accessori per droghe e droghe ricreative.
- ✓ Alcol: Annunci che promuovono bevande alcoliche (vino, birra, alcolici, ecc.) servizi di abbonamento, kit per la preparazione di alcolici o eventi sponsorizzati dall'alcol.
- ✓ Sigarette e prodotti del tabacco - Annunci che promuovono sigarette (incluse sigarette elettroniche e prodotti per lo svapo), sigari, tabacco o altri prodotti correlati.
- ✓ Sessuali contenuti e prodotti.
- ✓ Gli annunci che raffigurano scene di nudo

(compresi offuscata o pixilated immagini di nudo) o contenuto sessuale, inclusi gli atti sessualmente suggestive o altri contenuti sessualmente provocante e il linguaggio. Inoltre, non sono ammessi intrattenimenti per adulti e accessori quali pornografia, giocattoli sessuali, lubrificanti, costumi fetish.

✓ Prodotti, servizi o attività illegali- Annunci che promuovono prodotti / servizi illegali o promuovono attività illegali o inappropriate.

✓ Violazione dei contenuti : annunci che includono contenuti che violano o violano i diritti di terzi, inclusi copyright, marchi, privacy, pubblicità o altri diritti personali o proprietari. Sono inoltre vietati i servizi che consentono la violazione come software per eludere le restrizioni di utilizzo. Tutti gli aspetti dell'annuncio, inclusi talenti, musica e loghi, devono essere di proprietà dell'inserzionista o debitamente autorizzati.

Non è consentito pubblicare contenuti generati dagli utenti negli annunci, a meno che
l'inserzionista non disponga delle autorizzazioni esplicite per farlo.

✓ Contenuti scioccanti, grafici o sensazionali Annunci che contengono violenza grafica reale o drammatica, gore o immagini raccapriccianti;

annunci che intendono scioccare o provocare angoscia; annunci che contengono riferimenti volgari, scioccanti, sensazionali, volgari o osceni.

✓ Discorso di odio o violenza - Annunci che promuovono o incoraggiano la violenza o l'odio.

✓ Discriminazione - Annunci che discriminano o incoraggiano la discriminazione nei confronti di persone in base ad attributi personali quali razza, etnia, origine nazionale, religione, età, sesso, orientamento sessuale, identità di genere, stato familiare, disabilità, condizioni mediche o genetiche.

✓ Armi: annunci che promuovono o incoraggiano l'uso di armi pericolose, tra cui pistole, esplosivi, coltelli, spade e altri oggetti progettati per causare danni alle persone.

✓ Articoli contraffatti - Annunci che promuovono la vendita di articoli contraffatti.

✓ Spyware e malware: gli annunci pubblicitari non devono contenere o collegarsi a siti contenenti spyware, malware o altri codici o siti dannosi.

✓ Annunci politici: che promuovono o si oppongono a un candidato a cariche pubbliche, leader politici attuali o precedenti, partiti politici o gruppi politici o che contengono contenuti riguardanti questioni locali, statali o federali di importanza pubblica.

✓ Bambini Prodotti o Servizi - Annunci per prodotti o servizi che sono specificamente destinati per i bambini, tra cui giocattoli, giochi, applicazioni, abbigliamento, ecc. Pubblicità commercializzati specificamente verso i bambini, anche se il prodotto può essere per un pubblico generale, è proibito.

● **Contenuti limitanti**
Sono contenuti che TikTok può consentire a propria discrezione se è conforme con tutte le leggi, le norme e i regolamenti applicabili.

✓ Servizi finanziari: gli annunci pubblicitari relativi allo scambio, alla gestione o all'investimento di fondi (fiat o virtuali) devono essere conformi alle leggi, ai regolamenti, agli obblighi di licenza e ai requisiti di settore applicabili.
Per tutti gli annunci all'interno di questa categoria, potremmo richiedere divulgazioni e prove di regolatori appropriati e / o accreditamenti o certificazioni di terze parti.
Non sono consentiti i seguenti tipi di servizi / prodotti finanziari: titoli singoli o altre attività finanziarie negoziabili, cauzioni, programmi di assistenza al debito, schemi rapidi ricchi, schemi

piramidali (compresi schemi piramidali non finanziari) e marketing multilivello, aste di penny, opzioni binarie, portafogli di criptovaluta, banche digitali non accreditate che svolgono qualsiasi funzione simile a una banca tradizionale, carte di credito o di debito in criptovaluta, offerte di monete iniziali, vendite di token o altri mezzi di promozione o pubblicità di singole valute o token digitali.

Gli annunci possono avere come target solo 18+ e devono includere dichiarazioni di non responsabilità appropriate.

✓ Alimenti e bevande - Gli annunci che promuovono alimenti o bevande ricchi di grassi, sale o zucchero identificati mediante la profilazione dei nutrienti, possono essere soggetti a restrizioni.

✓ Prodotti farmaceutici, sanitari, medicinali: Gli annunci per prodotti farmaceutici, sanitari e medicinali devono essere rivolti a oltre 18 utenti e devono essere conformi alle leggi locali del Paese di destinazione.

Tutti i prodotti farmaceutici, compresi i farmaci da prescrizione e da banco, devono essere approvati dall'autorità di regolamentazione regionale e non possono contenere dichiarazioni inesatte.

Sono vietate le pubblicità di farmaci da prescrizione nell'UE.

Consentono la pubblicità di farmacie fisiche e farmacie online certificate da un'organizzazione di licenze di terze parti come NABP o LegitScript o equivalente regionale. La prova della licenza può essere necessaria per l'approvazione.

✓ Applicazioni o servizi di incontri:

Gli annunci che promuovono applicazioni o servizi di incontri devono avere come target 18+.

Tali annunci non devono essere apertamente sessuali o fare riferimento a società o imbrogli transazionali, ecc.

Gli annunci di incontri non devono essere sessualmente gratificanti in natura (ad esempio, concentrarsi su corpi, linguaggio sessuale o insinuazioni, ecc.)

✓ Media e intrattenimento:

Gli annunci che promuovono film, programmi TV o giochi non devono contenere volgarità e linguaggio volgare; linguaggio o immagini sessualmente gratificanti; violenza grafica o contenuto scioccante o uso di droghe.

- Pratiche vietate
  ✓ Reclami ingannevoli:

Gli annunci non devono promettere o esagerare risultati o fare affermazioni che non possono essere comprovate. Superlativi come "siamo i numeri1", "il prodotto numero

1", "I più venduti", "I più popolari" non possono essere utilizzati a meno che il reclamo non possa essere verificato da una terza parte attendibile .

Gli inserzionisti devono fornire la documentazione per il reclamo o il collegamento alla fonte di verifica sulla pagina di destinazione.

✓ Funzionalità ingannevole:

Gli annunci non possono includere elementi che inducono in errore o inducono l'utente a interagire con l'annuncio. Ciò include pulsanti non funzionanti e inviti all'azione che non consentono all'utente di eseguire tali azioni come "scorri verso l'alto".

✓ Filigrana TikTok:

Gli annunci non devono includere l'uso della filigrana TikTok nei propri annunci o sulla pagina di destinazione.

✓ Disattiva o fissa annunci:

Gli annunci devono contenere audio e video di alta qualità. Gli annunci senza audio o quelli che contengono immagini statiche non verranno approvati.

✓ Mancanza di branding:

Tutti gli annunci devono rappresentare chiaramente il prodotto, il servizio o l'attività commerciale contrassegnando chiaramente l'annuncio all'interno della didascalia o della creatività dell'annuncio.

✓ Raccolta dati:

Se si dispone di un questionario o di una richiesta di dati

131

utente, questi dovrebbero apparire solo su collegamenti non collegati all'app.

Sono consentiti collegamenti a tali pagine di destinazione, ma è necessario chiarire all'utente che stanno abbandonando l'esperienza in-app.

La tua politica sulla privacy dovrebbe essere accessibile a qualsiasi persona i cui dati stai elaborando.

Tutti i dati raccolti, ricevuti o derivati da un annuncio TikTok possono essere condivisi solo con i fornitori di servizi dell'inserzionista.

Sei responsabile a garantire che tutte le informazioni personali che raccogli, vengano raccolte ed elaborate in modo sicuro e in conformità con le leggi locali.

Quali formati ads abbiamo a disposizione su TikTok?

Abbiamo formato video e foto.

Iniziamo con il formato foto con alcuni annunci:

- annuncio in - feed;

- annuncio post - roll;

La composizione dell'annuncio: creatività immagine + nome della marca o dell'app + descrizione dell'annuncio.

Tipo di file: JPG/PNG

Risoluzione dei cerativi: non sono previste restrizioni specifiche, $\geq 1200 * 628$ px

Rapporto di aspetto dei creativi: 1,91:1

Dimensione del file : nessuna restrizione specifica, ≤ 500 KB è suggerito

NOME APP O BRAND :

- **Nome dell'app**: 4-40 caratteri inglesi (2-20 caratteri cinesi / giapponesi, a seconda dei diversi modelli e sistemi operativi; il testo lungo può essere a rischio per non essere visualizzato completamente sullo schermo).
- **Brand**: 2-20 caratteri inglesi (1-10 caratteri cinesi / giapponesi). Gli emoji non possono apparire nell'app o nel nome del marchio; la punteggiatura e gli spazi occuperanno anche i caratteri.
-

Descrizione annuncio   12-80 caratteri inglesi (6-40 caratteri cinesi / giapponesi).

Varierà a seconda dei diversi modelli e sistemi operativi, il testo lungo può non essere visualizzato completamente sullo schermo. Emoji, {} e # non possono essere visualizzati nel testo dell'annuncio.

La punteggiatura e gli spazi occuperanno i caratteri.

Manteniamo gli elementi creativi al centro dello schermo, per evitare che vengano coperti dalle descrizioni o dai loghi degli annunci.

La creatività può anche essere leggermente ritagliata sui lati per adattarsi a diverse dimensioni del display.

Le creatività pubblicitarie dovrebbero essere localizzate.

Consiglio:
Manteniamo gli elementi creativi chiave al centro dello schermo, per evitare che vengano coperti dalle descrizioni o dai loghi degli annunci.

La creatività può anche essere leggermente ritagliata sui lati per adattarsi a diverse dimensioni del display.

Le creatività pubblicitarie dovrebbero essere localizzate.

Un annuncio di TikTok è composto da tre livelli: campagna, gruppo di annunci e annuncio.

Come funzionano questi livelli?

Capirlo, ci aiuterà molto ad impostare in meglio il pubblico di destinazione, allocare il budget degli annunci, progettare le creatività per aumentare la copertura del pubblico e migliorare il rendimento degli annunci raggiungendo gli obiettivi della campagna che ci siamo prefissati.

- **Campagna:** prima cosa da farsi per determinare gli obiettivi (cioè i risultati finali che desideri vengano raggiunti dai nostri annunci).

Obiettivi della campagna: Download app o Pagina di destinazione.

Budget campagna: può essere impostato come budget giornaliero, budget permanente o nessun limite.

All'interno di ogni campagna, avremmo più gruppi di ADS, che ci permetteranno di ottimizzare i nostri annunci

e misurare il rendimento.
1. Selezioniamo l'obiettivo della campagna: pagina di installazione/destinazione dell'app;
2. Impostiamo il budget per la campagna;
3. Iniziamo a creare un gruppo di annunci;

- **Gruppo di ADS:** Definiscono il livello dove verranno visualizzati gli annunci.
Possiamo impostare: posizionamenti, segmenti di pubblico, destinatari, budget della campagna, pianificazione, obiettivi di ottimizzazione e offerte specifici per ciascun gruppo di annunci.
La suddivisione di tutti questi elementi ci consente di controllare i budget dei diversi gruppi, il programma di pubblicazione di ciascun annuncio e valutare il rendimento di ciascun pubblico.
All'interno di una campagna, ci possono essere gruppi di annunci singoli o multipli.

Passaggi specifici:
1. Scegliamo il posizionamento;
2. Imposta l'oggetto della campagna;
3. Impostiamo il nostro pubblico di destinazione;
4. Impostiamo un budget e una pianificazione per la campagna per il gruppo di annunci;
5. Impostiamo obiettivi e offerte di ottimizzazione;

135

6. Iniziamo a creare annunci;

- **"AD" annuncio:** È il contenuto che viene mostrato al target di riferimento sulla loro app mobile.

Questo può essere sotto forma di immagini o video.

Possiamo caricare la nostra creatività, testi a livello di annuncio e possiamo creare un video usando i nostri strumenti di creazione video.

Le AD ci consentono di confrontare e ottimizzare la pubblicazione degli annunci in base alle differenze tra le creatività. Nello specifico:

1. Carichiamo e aggiungiamo le nostre foto o video;
2. Aggiungiamo il testo dell'annuncio e il testo dell'invito all'azione, selezioniamo la copertina dell'annuncio ecc.

Creazione dell'account TikTok Ads

È arrivato il momento di creare il nostro account pubblicitario su TikTok.

Per creare il vostro account avrete a disposizione due modi:

1. Scrivete su google: ads tiktok, fate richiesta, aspettate le loro verifica e conferma.
2. Tramite Business Center TikTok;

Per creare un account TikTok Ads ti servirà un indirizzo email e i propri dati personali.

Segui poi i seguenti passaggi:

1. Dopo essere andati sul sito, bisogna registrarsi; compilare il modulo con tutti i dati richiesti, inserire l'url del profilo da pubblicizzare.

2. Quando il tuo indirizzo e-mail è stato verificato correttamente, puoi configurare il tuo account.

3. Una volta selezionato il tempo , valuta e Paese / Regione, ricorda non possono essere modificati più.

4. Inserire le informazioni commerciali inerenti alla propria attività commerciale (dati di fatturazione, sede legale ecc.).

Inserire URL: del proprio sito Web aziendale o l'App Store o l'URL e se si dispone di più collegamenti, dividerli con l'interruzione di riga.

Settori : seleziona il tuo settore di attività.

Nome dell'azienda: il nome dell'azienda o del negozio.

Indirizzo : la posizione della tua sede o dove è registrata la tua attività.

Documento di commerciali : Licenza, Certificato di formazione fiscale o la partita IVA.

Il contatto principale è la persona che TikTok Ads contatterà via e-mail con ricevute, fatture e altri problemi relativi ai pagamenti.

Si deve compilare con nome, numero, mail e indirizzo.

Una volta che l'account verrà riesaminato correttamente, si potrà aggiungere denaro al proprio account e iniziare a creare proprie campagne.

Creiamo il nostro primo contenuto sponsorizzato su TikTok.

Dopo aver visto come creare un'account precedente dirigiamoci nella dashboard di TikTok Ads, facciamo click sulla scheda Campagna nella parte superiore della pagina, e poi click sul pulsante Crea.

Successivamente, scegliete un obiettivo della campagna, che è l'obiettivo principale del nostro annuncio.

Al momento potete scegliere tra tre opzioni:
-Traffico
-Conversioni
-Installazione app

Impostiamo il budget della campagna: budget giornaliero o budget totale in Impostazioni.

Andare a creare un gruppo di annunci per la vostra campagna e scegliete i posizionamenti e il targeting.

Una delle funzionalità più utili di TikTok Ads è che quella che vi consente di selezionare le piattaforme esatte su cui desiderimo pubblicare i nostri annunci.

Questi includono non solo TikTok ma anche Vigo Video BuzzVideo, News Republic e altri.

Posizionamenti automatici: TikTok determina dove il tuo annuncio avrebbe il rendimento migliore e lo posiziona lì.

Dopo seguite le istruzioni per inserire tutti i dettagli necessari per iniziare a pubblicare il tuo annuncio, inclusi eventuali URL, nomi visualizzati, immagini e categorie pertinenti.

Potete anche selezionare fino a 20 parole chiave per descrivere il vostro sito Web o app, che verranno utilizzati per abbinare i nostri prodotti al pubblico giusto.

Entriamo nel dettaglio su come ottimizzare l'impostazione del budget della nostra campagna.

Dopo aver creato la campagna, nella sezione Budget e pianificazione, possiamo impostare il budget per il gruppo di annunci.

Delivery Standard / Accelerata e successivamente andremo a impostare il tipo di delivery (la velocità con cui il nostro budget verrà speso).

- **Standard**

Il sistema spenderebbe il budget nel modo più uniforme possibile durante il periodo di pubblicazione degli annunci per evitare che il budget venga consumato anticipatamente.

Anche se il costo del singolo risultato possa essere superiore o inferiore, il costo medio durante il periodo della campagna sarebbe vicino alla nostra offerta.

La scelta della consegna standard, ci garantirebbe che i

139

nostri annunci, vengano visualizzati in base alla distribuzione del traffico entro il periodo che abbiamo selezionato, ottimizzando così l'effetto dell'annuncio.

La frequenza della pubblicazione dell'annuncio corrisponde al volume del traffico.

- **Accelerata**

Questa opzione ci fa spendere il budget il più velocemente possibile durante l'orario pianificato, mostrando maggiormente gli annunci al pubblico selezionato per un determinato periodo di tempo.

Il sistema massimizzerebbe l'efficienza della pubblicazione, e otterrebbe il maggior numero possibile di risultati.

Anche se il costo del singolo risultato possa essere superiore o inferiore alla nostra offerta, questo metodo può comportare costi più elevati.

Nonostante ciò, il costo medio nel periodo di consegna rimarrebbe comunque vicino alla nostra offerta.

Se l'obiettivo è più utenti il più rapidamente possibile dopo l'inizio della pubblicazione dell'annuncio, utilizzeremo questo metodo.

CONFRONTO TRA LE DUE DELIVERY:
Se imposti un budget giornaliero su $ 1.000.
Delivery Standard: il sistema ti aiuterebbe a spendere $ 1.000 in base all'affollamento del traffico durante il

140

giorno.

Delivery accelerata: il sistema accelererebbe le tue spese e potrebbe spendere tutto il budget nelle prime ore del giorno.

Capitolo VENTICINQUE
Shadowban

Molto spesso mi chiedono come evitare lo shadowban su TikTok o come cercare di rimuovere questa penalizzazione.

Cercherò di aiutarvi con dei consigli e chiarimenti su come evitare lo Shadowban.

Un po' di regole base per crescere senza problemi sono:

- Non violare le linee guida di TikTok.
- Non ripetere azioni troppo frequentemente, perché l'algoritmo potrebbe scambiarti per un bot.
- Non spammare con messaggi e inviti alle tue live gli utenti.
- Non mostrare armi da fuoco, scene di nudo, ecc. Insomma, tutto ciò che può essere considerato compromettente.
- Cerca di evitare segnalazioni da parte degli altri utenti.

Ricorda: Ogni nazione ha le sue linee guida, quindi se vedi contenuti ad esempio americani con oggetti proibiti in Italia, non imitarli, perché probabilmente nel lungo periodo potrebbero comprometterti il tuo profilo.

Non usare hashtag bannati (parolacce, odio, droghe).

Non fare follow e unfollow.

Non partecipare a live di crescita.

Mi raccomando, questo punto è molto importante.

Ho visto centinaia di account bruciati per colpa di queste live.

Nelle Live di crescita chi realmente guadagna sono gli organizzatori e l'unica community che cresce è solo quella del presentatore.

Queste dirette le riconosci subito, perché solitamente i presentatori usano sfondi con scritto "live di crescita", "abbracciamo tutti", "il regno dei follower" o "il principe dei follower".

Da quando ci sono i match e le classiche settimanali delle live, queste dirette sono aumentate di parecchio, perché entrambe le sfide si basano sui regali, che a loro volta vengono convertiti in denaro.

Non usare sempre gli stessi hashtag per ogni singolo video, ma cambiali. In questo modo eviterai di continuare a mostrare i tuoi contenuti sempre allo stesso identico pubblico e così facendo non ti ritroverai con una serie di pubblicazioni con views basse.

Una volta capito cosa non fare per evitare lo shadowban, ecco per te dei piccoli suggerimenti in caso di shadowban.

Se ti sei accorto di essere in shadow ban, sappi che può durare da 2-3 settimane a 90 giorni, oppure per sempre.

Dipende dal motivo per cui sei stato limitato e dai tuoi comportamenti nella community di TikTok.

Puoi però fare dei tentativi per provare ad uscire da questa limitazione "invisibile".

Se guardando i dati analitici dei tuoi contenuti singoli, ti accorgi che da mesi e mesi i tuoi video non vanno nei "per te" neanche all'1%, devi rifare tutto da capo, ovvero creare un nuovo profilo.

Se la tua condotta è stata limitata per continui atteggiamenti che violano le linee guida, le probabilità che tu risolva il problema sono quasi azzerate, anche qui dovrai rifarti un profilo.

Una volta appreso ciò, vediamo come comportarci in base a quanti followers abbiamo:

- Profilo fino a 30k follower: Non investirci più di 3 settimane, oppure ricrea il profilo, se il problema persiste da tempo.

- Profilo da 30k a 250K follower: Prova per almeno un mese e se il problema persiste già da diverso tempo, mi dispiace, ma ti conviene rifare il profilo.

- Profilo sopra i 300k follower: Prova per 90 giorni e se non risolvi, prova con sponsorizzate oppure contatta TikTok. Se la situazione non migliora, purtroppo dovrai rifare tutto da zero.

Molto spesso diversi creator hanno paura di ripartire da zero e quindi continuano con tentativi invano.

Meglio ripartire da zero che continuare a investire tempo e creatività su un profilo che non va.

Se sei bravo a creare contenuti, vedrai che farai anche meglio.

Capitolo VENTISEI
Le agenzie ufficiali per creatori su TikTok: Una nuova era per i giovani talent

Negli ultimi anni, TikTok ha rivoluzionato il panorama dei social media, offrendo una piattaforma dinamica e creativa per esprimere sé stessi e connettersi con il pubblico. Con l'esplosione della popolarità della piattaforma, sempre più giovani aspiranti creatori hanno iniziato a coltivare il sogno di trasformare la propria passione per la creazione di contenuti in un vero e proprio lavoro.

È qui che entrano in gioco le agenzie ufficiali per creatori su TikTok Italia, un'innovativa iniziativa che promette di dare una spinta determinante a chiunque desideri realizzare il proprio sogno di diventare un creator di successo.

Con la creazione delle agenzie ufficiali per creatori, TikTok si propone di offrire un solido sostegno ai giovani talenti che desiderano trasformare la loro passione per la creazione di contenuti in un lavoro gratificante e redditizio.

Queste agenzie rappresentano un ponte tra i creatori emergenti e le opportunità che la piattaforma ha da offrire, fornendo assistenza, supporto e vantaggi esclusivi per aiutare i creatori a crescere e a raggiungere i propri obiettivi.

Per entrare in una delle agenzie ufficiali su TikTok Italia, è necessario soddisfare alcuni requisiti fondamentali che fungono da base per il successo futuro.

In primo luogo, i creatori devono essere maggiorenni, garantendo così una maggiore responsabilità e maturità nell'affrontare le sfide del mondo digitale.

In secondo luogo, è richiesto di avere almeno 1000 follower.

Infine, i creatori devono impegnarsi a dedicare un numero minimo di ore al mese alle attività richieste dall'agenzia, dimostrando così un vero impegno nel perseguire il proprio sogno.

Una volta accettati in un'agenzia ufficiale su TikTok Italia, i creatori possono godere di una serie di privilegi e vantaggi che li aiuteranno a crescere e a prosperare nella loro carriera digitale.

Primo fra tutti, riceveranno un aumento della visibilità durante le loro live, garantendo loro una maggiore esposizione e opportunità di interazione con il pubblico.

Inoltre, riceveranno una protezione maggiore durante le loro live, garantendo un ambiente sicuro e positivo per condividere la propria creatività.

Ma forse il vantaggio più significativo è la possibilità di ottenere un guadagno extra ogni mese, sotto forma di una percentuale sulle donazioni ricevute durante le live del mese precedente.

Questo non solo fornisce un incentivo finanziario per i creatori, ma riconosce anche il loro valore e il loro contributo alla comunità TikTok.

Infine, i creatori avranno accesso riservato a classifiche esclusive, offrendo loro l'opportunità di confrontarsi e di essere riconosciuti per il loro talento e impegno.

In conclusione, le agenzie ufficiali per creatori su TikTok Italia rappresentano un'opportunità senza precedenti per i giovani talenti di realizzare i propri sogni nel mondo digitale.

Con il loro supporto e vantaggi esclusivi, queste agenzie offrono una via verso il successo e la realizzazione personale per chiunque desideri trasformare la propria passione in un lavoro gratificante su TikTok.

Siamo solo all'inizio di questo nuovo capitolo per i creatori su TikTok Italia, e non vedo l'ora di vedere cosa il futuro riserva a questa vibrante e creativa comunità.

Ringraziamenti

Siamo giunti insieme alla fine di questo "viaggio" digitale. Sono molto contento che tu sia arrivato fin qui e che ti sia lasciato guidare dalle mie parole, scritte dopo uno studio approfondito dell'applicazione e dopo molte ricerche. Il mio augurio più sincero è che tu possa aver tratto qualcosa di utile da ciò che ho voluto condividere con te. Ti rivolgo il mio più profondo ringraziamento per la fiducia che mi hai dimostrato. L'unica cosa che ti chiedo, se la guida ti è piaciuta, è di lasciare una recensione positiva su Amazon. In questo modo mi aiuterai a far conoscere la mia guida. Per te, questo passaggio richiede pochi istanti, ma per me rappresenta un aiuto prezioso. Ti auguro buona fortuna con il tuo business su TikTok. QUESTA GUIDA È IL QUARTO AGGIORNAMENTO - 1 MARZO 2024